«... vor dem schaumstürmenden Sturze
des gewaltigen Rheins, wie vor der glänzenden Krone der ewigen
Schneegebürge, wie vor dem Anblick des heiter ausgebreiteten Sees, und deiner
Wolkenfelsen und wüsten Täler, grauer Gotthard! wie vor jedem
großen Gedanken der Schöpfung, wird in der Seele
reg was auch Schöpfungskraft in ihr ist.»

MIT GOETHE IN DER SCHWEIZ

Ein Bildband von Michael Ruetz,

mit Texten von Martin Müller

Artemis Verlag

Frau G.W. in B. gewidmet

M.R.

Artemis Verlag Zürich und München
Druck: Vontobel AG, Feldmeilen
Satz: englersatz AG, Zürich
Fotolithos: Offset & Repro AG, Zürich
Gestaltung: Peter Rüfenacht-Bolli, Artemis
Einband: H.+J. Schumacher, Schmitten
Printed in Switzerland
ISBN 3 7608 0498 5

Inhalt

Erster Teil: Von Basel bis Moudon

Zweiter Teil: Vom Genfersee auf die Furka

Dritter Teil: Vom Gotthard zum Rheinfall

Erster Teil: Von Basel bis Moudon

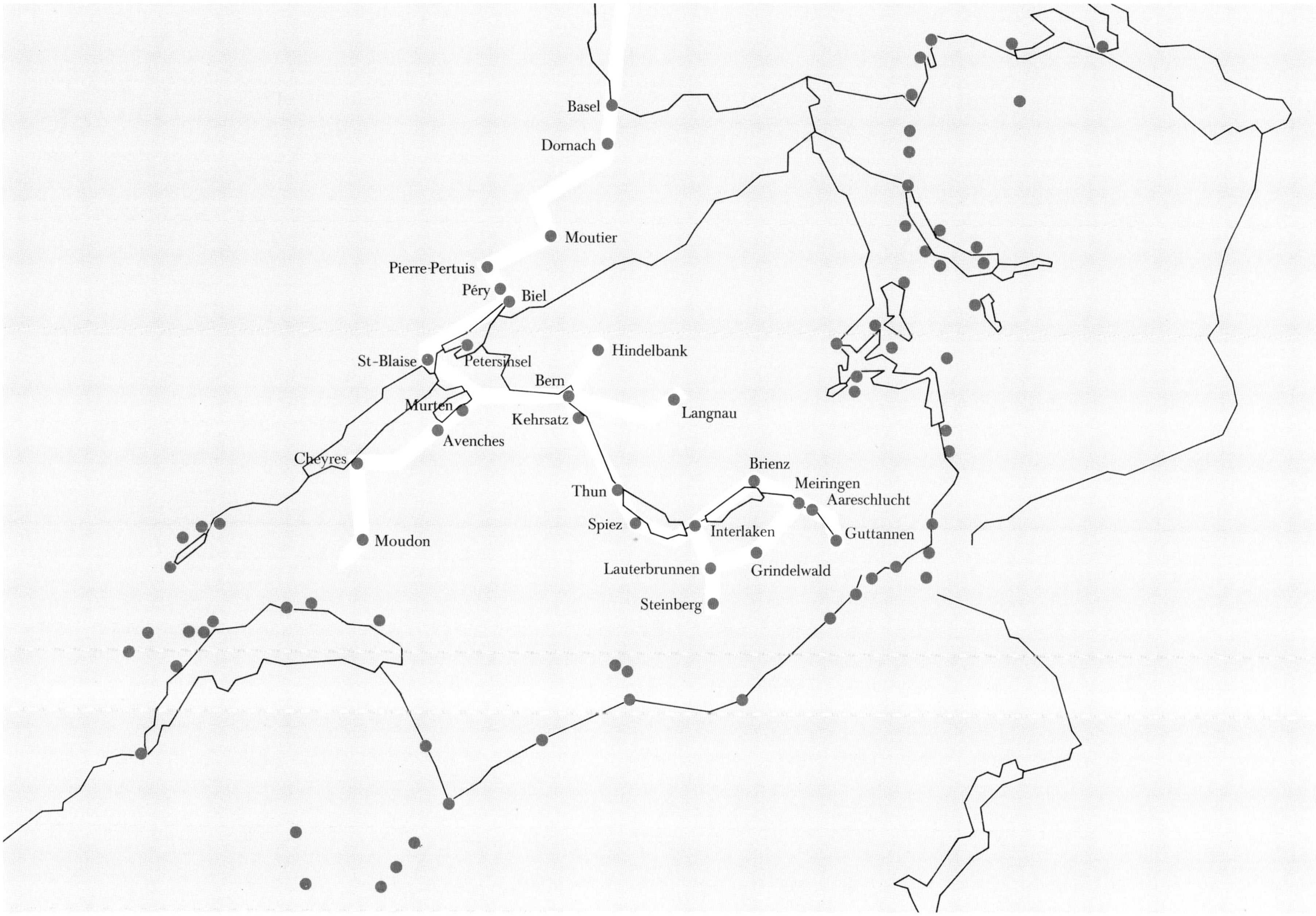

Blick vom Basler Münster

«So hat Basel wegen der Nähe von Frankreich einen besondern Reiz für mich; auch sind schöne Kunstwerke, sowohl ältere als ausgewanderte, daselbst befindlich.»

Haus «zum Kirschgarten» in Basel

«Könnte ich zugleich hören wie Sie Sich befinden, ob Sie nunmehr glüklich Ihren Stand verändert, wie weit es mit Ihrem Hausbau gekommen ...»

Im Birstal

«Mir machte der Zug durch diese Enge eine große ruhige Empfindung. Das Erhabene giebt der Seele die schöne Ruhe, sie wird ganz dadurch ausgefüllt, fühlt sich so gros als sie seyn kann, und giebt ein reines Gefühl, wenn es bis gegen den Rand steigt ohne überzulaufen.»

Im Birstal vor Péry

«Bald steigen aneinander hängende Wände senkrecht auf, bald streichen gewaltige Lagen schief nach dem Fluß und dem Weg ein, breite Massen sind aufeinander gelegt, und gleich daneben stehen scharfe Klippen abgesetzt. Große Klüfte spalten sich aufwärts, und Platten von Mauerstärke haben sich von dem übrigen Gesteine losgetrennt.»

Pierre-Pertuis (Pertuis-Felsen) im Birstal – bereits in römischer Zeit ein wichtiger Durchgang. «Die Römer erweiterten schon den Weeg und nun ist er sehr bequem durchgeführt.»

Nepomuk-Statue auf der Birsbrücke in Dornach

«Auf großen und auf kleinen Brucken / Stehn vielgestaltete Nepomuken / Von Erz, von Holz, gemalt, von Stein, / Kolossisch hoch und puppisch klein. / Jeder hat seine Andacht davor, / Weil Nepomuk auf der Brucken das Leben verlor.»

Vennerbrunnen in Biel, rechts das Zunfthaus zu Waldleuten

«Rohe Kriegsleute gehen wenigstens nicht aus ihrem Charakter, und weil doch meist hinter der Stärke eine Gutmütigkeit verborgen liegt, so ist im Notfall auch mit ihnen auszukommen.»

Brunnen an der Obergasse in Biel

Der Engel hält ein Lamm in den Armen, das er gegen die Angriffe des Teufels in Schutz nimmt. «Denn von den Teufeln kann ich ja / Auf gute Geister schließen …»

Auf der «Burg» in Biel

Unweit davon der ehemalige Gasthof «zur Krone», wo Goethe und seine Begleiter vom 4. bis 6. Oktober 1779 logierten.

Blick auf die Dächer im Nydegg-Quartier, Bern

«... durchstrich bei der Gelegenheit die Stadt, sie ist die schönste die wir gesehen haben in Bürgerlicher Gleichheit eins wie das andere gebaut, all aus einem graulichen weichen Sandstein, die egalitaet und Reinlichkeit drinne thut einem sehr wohl ...»

«Chüechlihus», früher Gemeindehaus, in Langnau im Emmental

In einem Raum sind Gegenstände aus Michel Schüppachs Arztpraxis ausgestellt. «Vom Docktor in Langnau werd ich manches erzählen. Er geht für Alter sehr zusammen und war auch nicht guter Humor des Tags, er hatte Honig gegessen den er nicht verdauen kan ...»

Detail vom Grabmal der Frau Pfarrer Langhans in der Kirche von Hindelbank

«Vom Grabmahl der Pfarren zu Hindelbanck zu hören werden Sie Geduld haben müssen, denn ich habe mancherley davon, darüber und dabey vorzubringen.»

Medizinschrank von Michael Schüppach im «Chüechlihus» in Langnau.

Blick vom Kirchhof Thun seeaufwärts

«... wir nahmen ein Frühstück statt des Mittagessens und ritten drauf nach Thun, wo wir bei zeiten anlangten um noch die schöne Aussicht vom Kirchhof auf den See zu sehen und an der Aar bis gegen den See zu spazieren.»

Blick vom Thuner Kirchhof zum Schloß (links)

«Wir sind glücklich wieder hier angekommen. Diese vier Tage das schönste Wetter, heute und gestern keine Wolcke am Himmel, und die merckwürdigsten Gegenden ganz rein in dem himmlischen Lichte genossen.»

Das Schloß, früher Kloster, in Interlaken

«Es war wieder der schönste heiterste Tag, um 11 Uhr waren wir in Unterlachen einem Kloster wo man anlandet und biß Untersewen zu Fuse geht.»

Lauterbrunnental mit Staubbachfall

«Gegen zwölfe kamen wir in Untersewen an aßen eine große Forelle, examinirten einen Augenarzt wovon ich den Zettel hier beischließe und fuhren auf einem engen Leiterwägelgen zusammen gepackt ab gingen aber bald zu Fuß durch das Thal bis nach Lauterbrunn.»

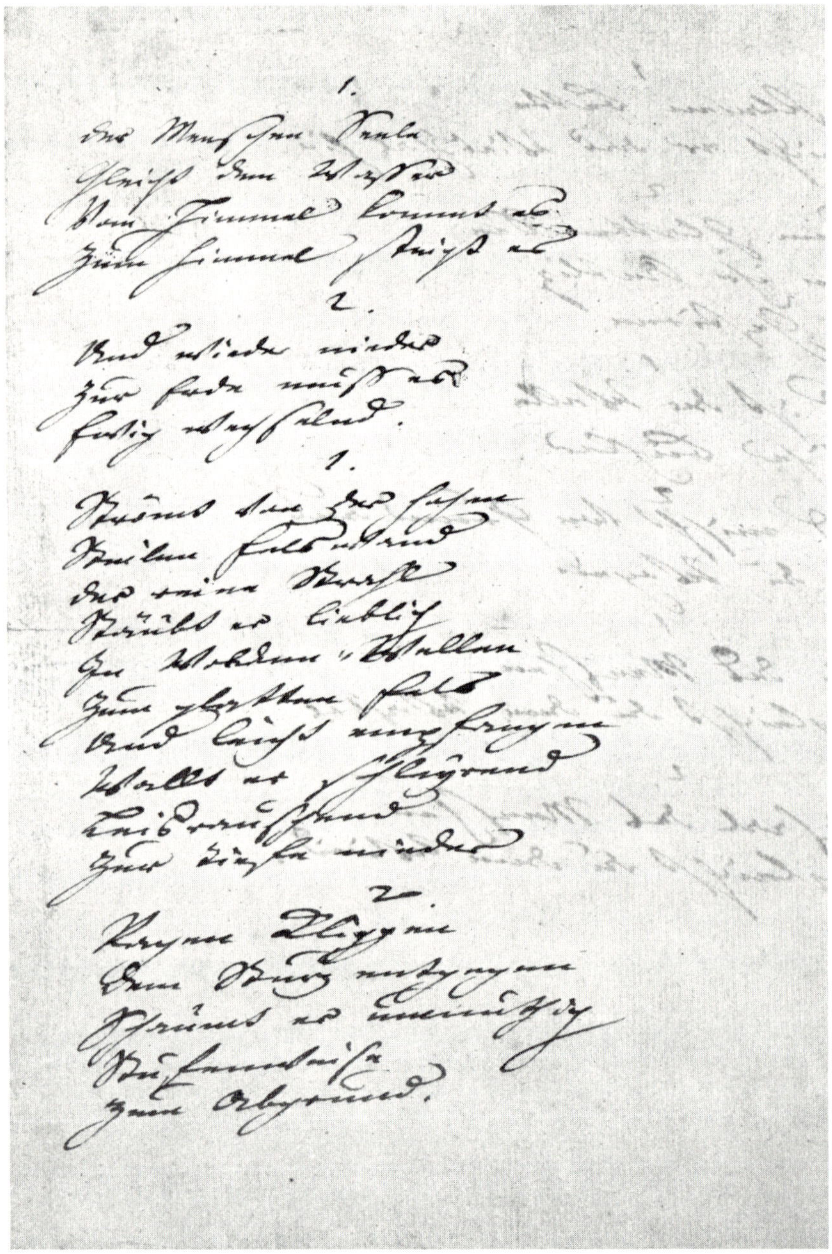

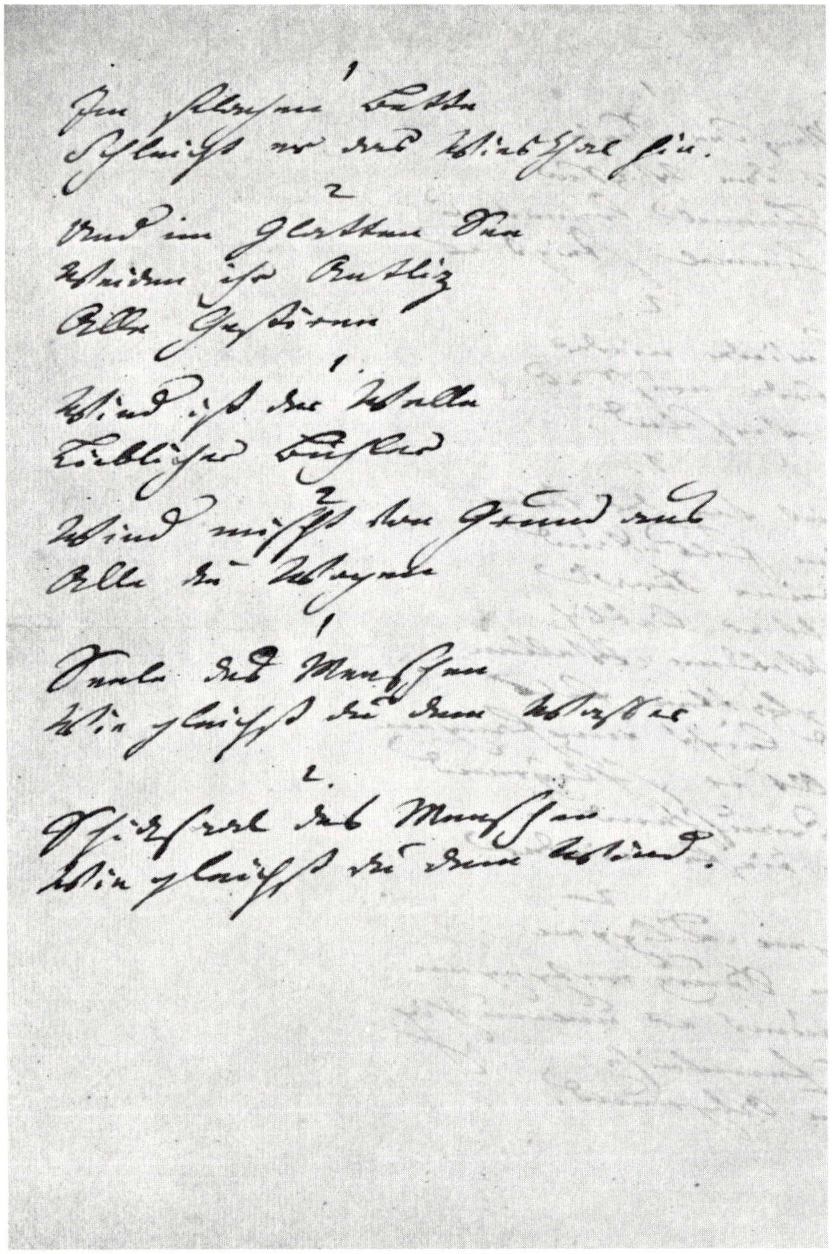

Goethes Manuskript des «Gesangs der Geister über den Wassern», wie es im Nachlaß von Bäbe Schultheß in Zürich gefunden wurde. «Von dem Gesange der Geister hab ich noch wundersame Strophen gehört, kann mich aber kaum beyliegender erinnern ...»

Staubbachfall

«Der Staubbach im Lauterbrunner Tal wäre ihm das höchste Ideal der Ruhe, sein Fall und Wasserstaub hätte ihn mit einem seligen Gefühl überfallen …»

Schloß Spiez

Hier hing das Porträt von Carl Augusts Vorfahr, dem Herzog Bernhard von Weimar, dessen Lebensgeschichte zu schreiben Goethe beabsichtigte.

In der Aareschlucht zwischen Meiringen und Innertkirchen

«Von hier» (dem Reichenbachfall) «gingen wir über die Aar, welche hier durch enge Felsen geht, u. setzten unsern Weg durch das Fürchterlichst gröste Thal, daß mir jeh vorgekommen, unsern weg biß Guth Tanne.»

Der Gutshof auf der St. Petersinsel im Bielersee

«… der Schaffner und seine Frau die die Wirthschaft selbst führen, sind noch eben dieselben die Rousseau bewirtheten.»

Rousseau-Zimmer im Gutsgebäude auf der Petersinsel im Bielersee

«... früh auf dem Rathsschiffe von Biel aus nach der Insel des Bieler Sees wohin Rousseau sich begab als er von Geneve weggetrieben wurde. Die Insel gehört dem Hospital zu Bern ...»

Blick auf Murten

«... in Murten aßen wir zu Mittag und laßen aus einem treflich geschriebenen Buche die Geschichte der Murten Schlacht. Es ist äußerst rührend, von einem Zeugen und Mitstreiter die Thaten dieser Zeit erzählen zu hören.»

Moudon im Waadtland

«Moudon d. 21. Wir machen kleine Tagreisen wie es neugierigen Reisenden ziemt. Den Morgen haben wir zugebracht wieder ein Mosaisches Pflaster bei Chaire gegen den Neustädter See zu besuchen.»

Überrest der römischen Stadtmauer mit Wehrturm («Tornallaz») in Avenches

«... fuhren über den See, u. besahen in Avanche den Mosaisch Römischen Fußboden, der da zu sehn ist. Es ist fast gantz durch die Nachlässigkeit zu Grunde ...»

Avenches, Cigognier-Tempel,

so benannt nach dem Storchennest, das sich früher auf der Säule im Vordergrund befand. «In Avanche einen Fusboden Mosaique von der Römer Zeit gesehen, schlecht erhalten, und geht täglich mehr zu Grunde, daß es Jammer ist.»

Der Baslerstab, ein feines Privathaus und Götzens eiserne Hand

Wasserzeichen in Goethes Skizzenpapier für die Schweizer Reise von 1775

Daß Basel einen bleibenden Eindruck auf Goethe gemacht habe, läßt sich nicht gerade behaupten. Als man ihm vom Odilienberg bei Straßburg einst die Aussicht erklärte und ihm auch Basel in der Ferne zu zeigen versuchte, meinte er – wie es in «Dichtung und Wahrheit» heißt[1] – gleichmütig: «daß wir es gesehen, will ich nicht beschwören…» Und 1797 schreibt er seiner Frau aus Stäfa[2] gleichfalls ohne besonderes Bedauern: «Wir haben, meine Liebe, die Baseler Tour aufgegeben und sind von Zürch gerade nach Tübingen gegangen. Wir haben auch recht wohlgetan, denn die Jahreszeit ist äußerst verdrießlich, die Wege schlecht und alles unglaublich teuer.»

Immerhin hatte er Basel bereits 1775 am Schluß seiner ersten Schweizer Reise kennengelernt – nicht ohne sich im Gästebuch des Hauses «zur Mügge» am 8. Juli einzutragen[3] –, und daß er dabei im Gepäck einen Baselstab mit sich führte, hängt mit einem gewissen Heinrich Wäber aus Waldenburg unweit von Basel zusammen. Dieser war nicht etwa Drechsler oder Verfertiger von Wanderstäben, sondern betrieb eine Papiermühle. Wie man später entdeckt hat, produzierte sie einen Teil der von Goethe für seine Reiseskizzen benutzten Blätter. Beweis dafür ist ein Wasserzeichen[4], das in Wäbers Papiermühle verwendet wurde und sich auf einigen Goethe-Zeichnungen wiederfindet[5]. In seiner biographischen Arbeit über den Maler Philipp Hackert läßt Goethe den Papst zwar sagen, es sei von Vorteil, daß man in Fabriano in Italien eine Papiermühle eingerichtet habe, «wo jetzt besser Papier zur Kupferdruckerei gemacht wird als in Basel»[6] – doch für seine Zeichnungen genügte dem späteren Dichterfürsten vollauf, was dem Kirchenfürsten mißfiel: Papier mit dem Baslerstab.

Mit Blättern ganz anderer Art hatten zwei Basler Handelsherren zu tun, als im Herbst 1779 der Herzog von Sachsen-Weimar und Goethe in ihrer Stadt eintrafen. Dieser Besuch sollte auf sie, den Tuchhändler Daniel Merian-Werthemann und den Seidenbandfabrikanten Johann Rudolf Burckhardt-de Bary, so etwas wie weltliterarischen Glanz werfen. Denn die beiden Basler Herren durften einen Teil der Geldgeschäfte[7] der illustren Weimaraner abwickeln: durch ihre Hände gingen immerhin 550 Carolin von den insgesamt 1284¼, welche die Fremden samt Begleitung in der Schweiz verzehrten. Zu belasten war die Summe dem Kommerzienrat Johann Jacob Streiber in Eisenach.

Während Merian nach solchen Transaktionen wieder im Dunkel der Geschichte verschwand, sollte Burckhardt in Basel noch einiges Aufsehen erregen. Nicht bloß mit seinem westöstlichen Sohn Johann Ludwig, der später als «Scheik Ibrahim» im Orient heimisch wurde, sondern mit seinem Haus, das 1777 begonnen wurde. «Das ist ein heller Narrenstreich, Herr Sohn, und wird sie ruinieren!» hatte der Schwiegervater des Bauherrn beim Anblick der Pläne zwar ausgerufen[8] – doch Goethe dagegen zeigte freundliches Interesse. Er schreibt am

19.5.1780 an Burckhardt: «Könnte ich zugleich hören, wie Sie sich befinden, ob Sie nunmehr glücklich Ihren Stand verändert, wie weit es mit Ihrem Hausbau gekommen …»[9] Es kam sehr weit damit: «es ist der sogenannte Kirschgarten …, bei weitem das feinste Privatgebäude, das ich in der ganzen Schweiz gesehen habe, und vereinigt Schönheit und Geschmack mit der edlen Einfalt der Antike», lobt ein sächsischer Reisender im Jahre 1786[10]. Gewiß wurde der Name Goethes in den «Kirschgarten»-Räumen immer wieder einmal geraunt. Denn im 19. Jahrhundert gehörte das prächtige Palais einem Herrn Johann Jakob Bischoff – und dessen Frau, eine geborene Kestner, war eine Enkelin von Goethes Lotte in Wetzlar …

Die Tochter von Goethes Lotte, im «Kirschgarten» lebend, von Anselm Feuerbach 1867 porträtiert – allgemein bekannt als das «Täntli»

Was er 1779 in Basel erlebte, berichtet Goethe recht lapidar in seinem Brief vom 17. Oktober an Freund Merck: «In Basel Mechel; bei ihm interessante Wiener Portraits pp., Gegend, Bibliothek, Holbeins pp., Antiquitäten, Fabriken pp.»[11] Daß die Reisenden den Kupferstecher, Kunstsammler und -händler Christian von Mechel (1737–1817) überhaupt zu Hause antrafen, war eine Art glücklicher Zufall. Denn Mechel[12] war seit 1778 in Wien und richtete dort auf Allerhöchsten Wunsch die k.u.k. Gemäldesammlung neu ein und stellte auch einen Sammlungskatalog zusammen, der 1783 im Druck erschien. Um zwischenhinein in seiner Basler Firma zum Rechten zu sehen, kam er Ende Mai 1779 zurück in die Vaterstadt und verreiste im November wieder nach Wien. Er war nicht nur Sammler und Besitzer von Holbein-Gemälden, deren man auch einige in der städtischen Bibliothek bewundern konnte, sondern interessierte sich auch für zeitgenössische Kunst und hatte aus Wien mehrere Portraits lebender Persönlichkeiten mitgebracht, die offenbar Goethes Interesse fanden. Mechels Gemäldesammlung gehörte ohnehin zu den Sehenswürdigkeiten der Schweiz von damals – so gut wie Pfarrer Sprünglis ausgestopfte Vögel bei Bern oder Oberst Pfyffers Alpenrelief in Luzern. Die Fabriken, von denen Goethe außerdem spricht, dürften Seidenbandwebereien gewesen sein, für die Basel besonders berühmt war.

Goethes Kontakt mit dem rührigen Mechel brach nie ganz ab: am 3. April 1805[13] empfing er ihn in Weimar. Ob sich die beiden Herren damals über die eiserne Faust des Götz von Berlichingen unterhalten haben, wissen wir nicht. Wir wissen nur, daß Mechel dieser wundersamen Prothese eine eigene Publikation gewidmet hat: «Die eiserne Hand des tapfern deutschen Ritters Götz von Berlichingen, wie selbige noch bei seiner Familie in Franken aufbewahrt wird, sowohl von Außen als von Innen dargestellt, nebst der Erklärung ihres für jene Zeiten von fast dreihundert Jahren sehr merkwürdigen Mechanismus etc.» (Berlin 1815). Begleitet sind die großformatigen Bilder von ausgewählten Versen und Inschriften, davon eine so beginnt:

Götz aus seines Grabes Halle an die Deutschen

Seit Göthe mich, ihr Deutschen, meine Brüder,
Mit euch noch näher hat bekannt gemacht;
Ruh' ich viel sanfter hier, und fühl's, ihr seyd noch bieder,
Weil euer Freiheitssinn beim Namen Götz erwacht.
Dafür send' ich euch nun aus meines Grabes Halle
Den letzten Überrest von mir: – Die Eisenhand.

Die
EISERNE HAND
des
tapfern deutschen Ritters
Götz von Berlichingen
wie selbige noch
bei seiner Familie in Franken
aufbewahrt wird,
sowohl von Aufsen als von Innen dargestellt,
nebst
der Erklärung ihres für jene Zeiten von fast dreihundert Jahren
sehr merkwürdigen Mechanismus;
ferner
einer kurzen Lebensgeschichte des Ritters
besonders in Bezug auf die Hand,
und endlich
der Denkschrift, die bei der Hand verwahrt wird,
theils in Versen theils in Prosa,
zu Ehren der Hand von den besten Dichtern
verfasset.

Den in den Jahren 1814 und 1815
zum Friedens-Congrefs in Wien
versammelten
gekrönten Befreiern Europen's
von
CHRISTIAN VON MECHEL,
K. Hofrath und Mitglied der Königl. und anderer Akademien.

BERLIN, gedruckt bei GEORG DECKER, Königl. Geh. Ober-Hofbuchdrucker.
1815.

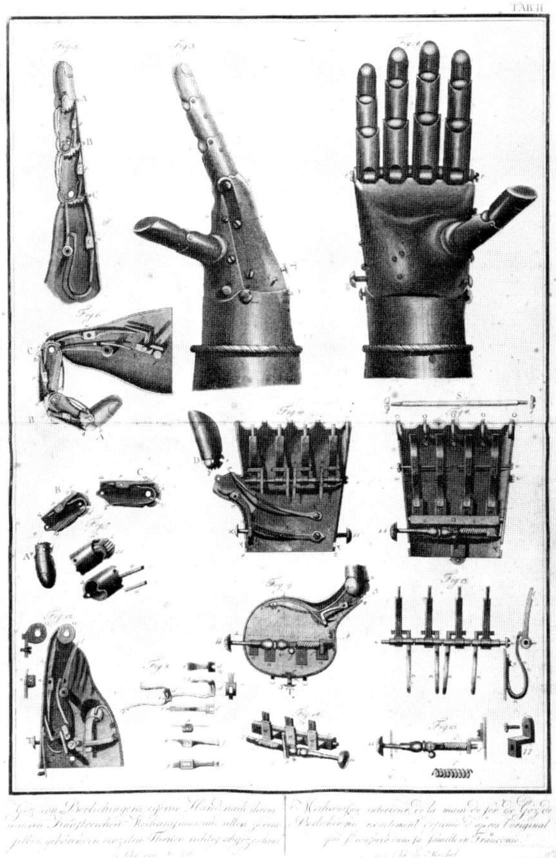

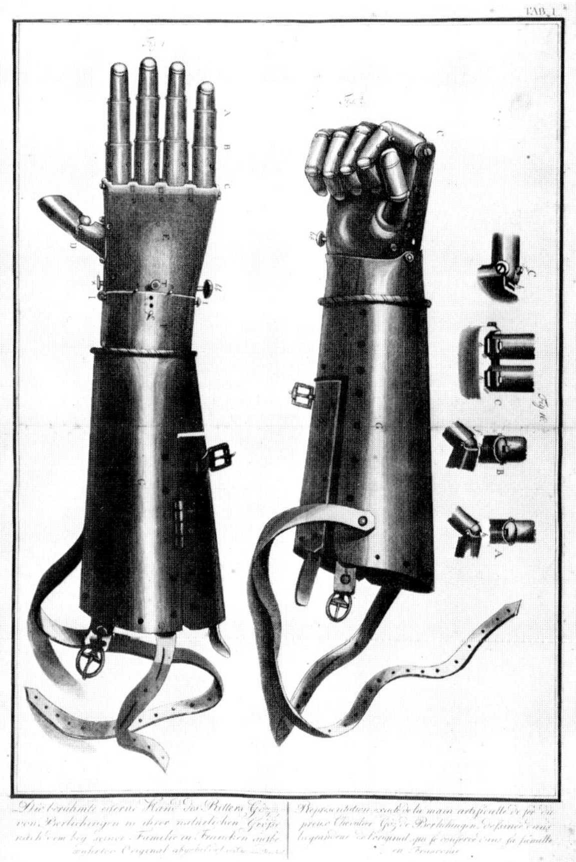

Aus Christian von Mechels Tafelwerk über Götzens eiserne Hand (1815)

«Zug durch die Enge...»

Es waren weder Städte noch Menschen (vom großen Magneten Lavater abgesehen), weder Naturalienkabinette noch Gemäldegalerien, die Goethe bewegten, seine drei Schweizer Reisen zu unternehmen. Sehenswürdigkeiten solcher Art sind von andern Reisenden meist detaillierter, bildungsbeflissener beschrieben worden als von ihm. Was er in der Schweiz suchte und fand, war etwas anderes: die stumme Größe und Erhabenheit der Natur. Er erlebte sie in der Gletscherwelt der Alpen und im harmonischen Fall des Staubbachs, in der schauerlichen Einöde der Furkapaßhöhe und im mächtigen Sturz des Rheinfalls – zweifellos an spektakulären Punkten des Landes, auch sie in der zeitgenössischen Reiseliteratur immer wieder behandelt. So sehr auch Goethes äußerer Weg, seine Routen, den damaligen touristischen Konventionen entsprechen, so wenig haben Intensität seiner Erlebnisse und literarischer Rang seiner Schilderungen mit den üblichen Berichten gemeinsam. Und in seltenen Fällen suchte er auch im Gelände Wege, von denen man fast nur bei ihm liest: der kühne Marsch mit dem Herzog und zwei Begleitern über die verschneite Furka am 12. November 1779 ist ein besonders eindrückliches Beispiel – ein anderes die Passage durch die Birsschlucht, wie er sie in seinem Brief vom 3. Oktober 1779 an Charlotte von Stein[14] beschreibt:

Pierre-Pertuis: natürlicher, von den Römern erweiterter Durchgang auf der Straße durchs Birstal

«Bald steigen an einander hängende Wände senkrecht auf, bald streichen gewaltige Lagen schief nach dem Fluß und dem Weeg ein, breite Massen sind auf ein ander gesezt, und gleich darneben stehen scharfe Klippen abgesezt. Große Klüfte spalten sich aufwärts und Platten von Mauerstärke haben sich von dem übrigen Gesteine los getrennt. Einzelne Felsstüke sind herunter gestürzt, andere hängen noch über und lassen nach ihrer Lage fürchten daß sie dereinst gleichfalls herein kommen werden. Bald rund, bald spiz, bald bewachsen, bald nakt sind die Firsten der Felsen, wo oft noch oben drüber ein einzelner Kopf kahl und kühn herübersieht, und an Wänden und in der Tiefe schmiegen sich ausgewitterte Klüfte hinein.

Mir machte der Zug durch diese Enge eine große ruhige Empfindung. Das Erhabene giebt der Seele die schöne Ruhe, sie wird ganz dadurch ausgefüllt, fühlt sich so gros als sie seyn kann, und giebt ein reines Gefühl, wenn es bis gegen den Rand steigt ohne überzulaufen.
Mein Aug und meine Seele konnten die Gegenstände fassen, und da ich rein war, diese Empfindung nirgends falsch wiedersties, so würkten sie was sie sollten. Wenn man solch ein Gefühl mit dem vergleicht, wenn wir uns mühseelig im Kleinen umtreiben alle Mühe uns geben ihm so viel als möglich zu borgen und aufzufliken und unserm Geist durch seine eigne Kreatur eine Freude und Futter zu geben, so sieht man erst wie ein armseelig behelf es ist. (...) Am Ende der Schlucht stiege ich ab und kehrte einen Theil alleine zurük. Ich entwikelte noch ein tiefes Gefühl, was das Vergnügen auf einen hohen Grad für aufmerksame Augen vermehrt.
Man ahndet im Dunkeln die Entstehung und das Leben dieser seltsamen Gestalten. Es mag geschehen seyn wie und wann es wolle, so haben sich diese Massen nach der Schweere und Ähnlichkeit ihrer Teile gros und einfach zusammengesezt. Was für Revolutionen sie nachhero bewegt, getrennt, gespalten haben, so sind auch diese auch nur einzelne Erschütterungen gewesen und selbst der Gedanke einer so ungeheuren Bewegung giebt ein hohes Gefühl von ewiger Festigkeit. Die Zeit hat, auch gebunden an die ewige Geseze, bald mehr bald weniger auf sie gewirkt.»

Fast könnte man meinen, Goethe habe diesen Ritt allein unternommen, und auch der vollständige Text des zitierten Briefes nennt von seinen Begleitern lediglich einen jungen «Mann, den wir von Basel mitnahmen». Dabei war er keineswegs allein, sondern begleitet von seinem Diener Philipp Seidel, vom Herzog, dem Oberforstmeister von Wedel, dem Kämmerer Wagner, einem Jäger und einem Reitknecht[15]. Diese ganze Reitergruppe übernachtete vom 3. auf den 4. Oktober im «Cheval Blanc» in Moutier[16]. Doch bei seinem eindrücklich beschriebenen «Zug durch die Enge» fühlte sich Goethe trotz seiner Gefährten allein – allein mit seinen großen Gefühlen in einer Natur, die ihn «Geduld und Stille» erleben ließ.

Rousseau im Boot bei der Petersinsel

Auf Rousseaus Spuren

Dem Ritt durch die Enge der Birsschlucht folgte die gemächliche Bootsfahrt zu einem Ort von besonderem idyllischem Zauber. Am 5. Oktober 1779 fuhr Goethe mit seinen Gefährten von Biel aus, wo sie im Gasthof zur Krone untergebracht waren, «früh auf dem Rathsschiffe ... nach der Insel des Bieler Sees wohin Rousseau sich begab als er von Geneve weggetrieben wurde. Die Insel gehört dem Hospital zu Bern und der Schaffner und seine Frau die die Wirthschaft selbst führen sind noch eben dieselben die Rousseau bewirtheten», wie er an Frau von Stein am 9. Oktober schreibt[17]; dem Freund Merck[18] erzählt er (17. Oktober) genießerisch vom «halbstürmischen, schönen Tag auf dem See, nach Rousseau's Insel, eben im Weinlesen begriffen, für drei Jahr Trauben gessen.» Mehr gibt er nicht preis über sein Erlebnis des Refugiums. Es läßt sich lediglich anmerken, daß Goethe sein Wissen über Besitzverhältnisse und Natur der Insel möglicherweise aus einem zeitgenössischen Reiseführer bezog: aus den 1778 erschienenen «Reisen durch die merkwürdigsten Gegenden Helvetiens» des Berners Gottlieb Sigmund Gruner. Es heißt dort[19], die Insel sei ehmals eine Probstei gewesen, «nunmehr aber eine Besitzung des großen Spithals in Bern. Ich ließ mich an das Land setzen, um diesen artigen Ort zu sehen. Sie hält drey Viertelstunden im Umfang, und hat Weinberge, Äcker, Wiesen und Waldungen: Spatziergänge von wilden Kastanienbäumen, und einen schönen Tanzsaal, für die so von den benachbarten Orten zur Lustbarkeit dahin kommen. An diesem angenehmen Orte hat im Jahr 1765. der herum wandrende Philosoph J. J. Rousseau eine Freystadt gesucht, ist aber von der Regierung weiters gewiesen worden.»

War es (der vor Jahresfrist verstorbene) Philosoph und Gesellschaftskritiker Rousseau, dessen Andenken Goethe auf der St. Petersinsel ehren wollte? Vielleicht doch eher der Naturfreund, von dessen hiesigen botanischen Forschungen man ihm möglicherweise erzählt hatte.

Sie sollten später jedenfalls in Goethes «Geschichte seiner botanischen Studien» gewürdigt werden: «Aus seinen frühern Jahren ist mir nicht bekannt, daß er zu Blumen und Pflanzen andere Anmutungen gehabt als solche, welche eigentlich nur auf Gesinnung, Neigung, zärtliche Erinnerungen hindeuteten; seinen entschiedenen Äußerungen aber zufolge mag er erst nach einem stürmischen Autorleben, auf der St. Peters-Insel, im Bielersee, auf dies Naturreich in seiner Fülle aufmerksam geworden sein. (...) ... schon im August 1771 unternimmt er, bei einem freundlichen Anlaß, die Pflicht andere zu belehren, ja was er weiß und einsieht Frauen vorzutragen, nicht etwa zu spielender Unterhaltung, sondern sie gründlich in die Wissenschaft einzuleiten. Hier gelingt es ihm nun sein Wissen auf die ersten sinnlich vorzuweisenden Elemente zurückzuführen; er legte die Pflanzenteile einzeln vor, lehrte sie unterscheiden und benennen»[20]. Gemeint sind Rousseaus reizvolle, doch wenig bekannte «Lettres élémentaires sur la Botanique à Mme de L.» (Madame Catherine Delessert) von 1780: ein Musterbeispiel für behutsame Vermittlung naturwissenschaftlicher Erkenntnisse[21]. Teile von Rousseaus Herbar haben sich übrigens erhalten und liegen in der Zürcher Zentralbibliothek – und unser Bild des «rameur solitaire» auf dem Bielersee stammt von Johann Joseph Hartmann (1753–1830), dem Goethe auf seiner zweiten Schweizer Reise begegnet war: «In Biel einen kennen lernen, Hartmann, von dem ich mitbringe» schreibt er am 17. Oktober 1779 an Merck[22].

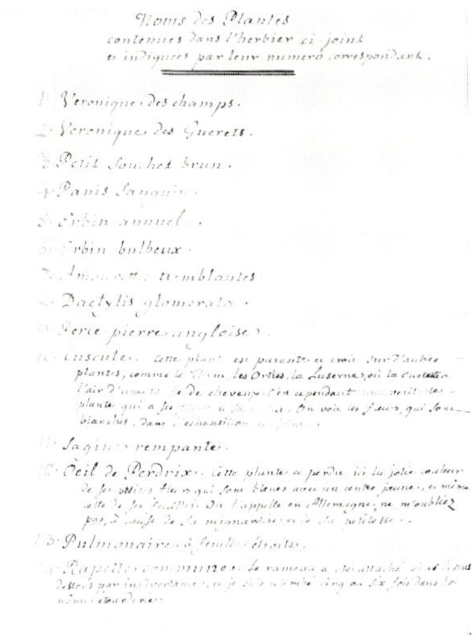

Noms des Plantes
contenues dans l'herbier ci-joint
et indiquées par leur numéro correspondant.

1. Veronique des champs.
2. Veronique des Guerets.
3. Petit Souchet brun.
4. Panis Sanguin.
5. Orbin annuel.
6. Orbin bulbeux.
7. [illegible] tremblantes.
8. Dactylis glomerata.
9. [illegible] pierre angloise.
10. Cuscute. [illegible]
11. Sagine rempante.
12. Oeil de Perdrix. [illegible]
13. Pulmonaire à feuilles étroites.
14. [illegible] commune. [illegible]

Titelblatt von Rousseaus Herbar und zwei Präparate daraus: links Bittersüßer Nachtschatten, rechts Hundsveilchen.

«... ein Stükgen Hinterschädel von den Burgundern...»

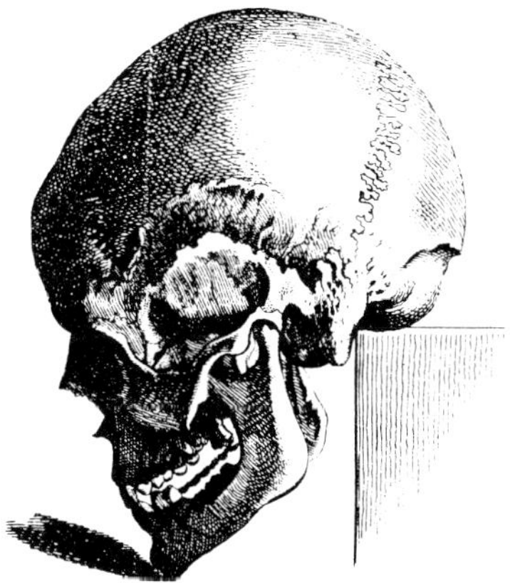

Nur «ein Stükgen Hinterschädel von den Burgundern» habe er aus dem Beinhaus zu Murten mitgenommen, gesteht Goethe in seinem Brief vom 9. Oktober der Frau von Stein[23] – und reiht sich damit ein in die Gilde jener Andenkenjäger, welche den Berg aus Gebeinen von rund 12 000 Gefallenen aus der Schlacht von Murten (1476) zwischen Eidgenossen und Burgundern langsam abzutragen vermochten, bis das Mahnmal 1798 von französischen Soldaten abgebrochen und die meisten noch vorhandenen Knochen beigesetzt wurden. Goethe hatte bei seinem Besuch eine von Albrecht von Haller verfaßte Inschrift[24] am Beinhaus lesen können, welche die siegreichen Eidgenossen folgendermaßen verherrlichte:

> Steht still, Helvetier, hier liegt das kühne Heer,
> Vor welchem Lüttich fiel und Frankreichs Thron erbebte;
> Nicht unsrer Ahnen Zahl, nicht künstlichers Gewehr,
> Die Eintracht schlug den Feind, die ihren Arm belebte,
> Kennt, Brüder, eure Macht, sie liegt in unsrer Treu!
> O würde sie noch heut in jedem Leser neu!

In der Tat scheint immer wieder einmal ein Helvetier oder ein ausländischer Gast hier stillgestanden zu sein – aber nicht immer um der Heldenväter (und vielleicht auch ihrer Widersacher) zu gedenken, sondern um sich aus dem Knochenberg ein passendes Stück herauszugreifen und getrost nach Hause zu tragen. Entrüstet berichtet darum Friedrich Matthisson[25], der zwischen 1787 und 1789 in Murten vorbeigekommen war: «Die Knochen im Beinhause bey Murten werden, seit einigen Jahren, zusehends weniger, theils weil die meisten Reisenden einige davon zum Andenken mitnehmen, theils weil man anfängt, sie wegen ihrer außerordentlichen Weiße zu allerley Drechslerwaaren, insonderheit zu Messerhefte zu verarbeiten. Die Genfer Lohnkutscher, denen die Ehre der ersten Entdeckung dieses neuen Handelszweiges gebührt, sollen oft ganze Ladungen davon, zum Behufe des Kunstfleißes, in ihrer Vaterstadt zu Gelde machen.» Hielt sich Matthisson demnach zurück, so griff der Reiseschriftsteller Christoph Meiners[26] 1788 zu: «Auch wir thaten eben das, was andere Reisende zu thun pflegen. Wir nahmen für uns ein Fragment von einem Lendenknochen, und bestellten für einen guten Freund einen Schädel, die schon so sehr verschleppt worden sind, daß wir nirgends einen ganz unversehrten auffinden konnten.» Goethe hatte sich demgegenüber mit wenig zufrieden gegeben, indes der von ihm bewunderte Lord Byron 1816 gleich mit großer Gebärde zupackte[27]. Er erlaubte sich, von «diesen Überresten ... ungefähr so viel mitzunehmen, als einen Viertels-

Beinhaus von Murten

helden ausmacht, wofür meine einzige Entschuldigung ist, daß der nächste, der kommt, sie für Schlimmeres mißbrauchen würde als die sorgfältige Aufbewahrung, die meine Absicht ist.»

«Byron allein lasse ich neben mir gelten!» sagte Goethe am 2. Oktober 1823 zum Kanzler Müller[28].

Bern oder «die schönste, die wir gesehen haben...»

Von Murten zogen die Reisenden am 7. Oktober 1779 «durch die schöne Landschaft nach Bern, wo alles gar glüklich abgetheilt und genuzt ist und frölich und nahrhaft und reich aussieht»[29]. Überhaupt fand Goethe die «Stadt, wohlhabend, reinlich, alles benüzt, geziert, allgemeines Wohlbefinden[30]» und hielt sie für die «schönste die wir gesehen haben in Bürgerlicher Gleichheit eins wie das andere gebaut, all aus einem graulichen weichen Sandstein, die egalitaet und Reinlichkeit drinne thut einem sehr wohl ...[31]» Bern sah damals nicht bloß «nahrhaft und reich» aus – es war es auch. Im Gewölbe unter dem Rathaus lagerte ein gewaltiger Staatsschatz, der es den Bernern ermöglichte, nach vorsichtiger Risiko-Beurteilung, sich auch einmal im Ausland zu engagieren: sei es bei der britischen Südseegesellschaft oder auch beim verschwenderischen Herzog Karl Eugen von Württemberg – Schillers Tyrann, dem man 1750 100 000 Gulden zu 5% auslieh und sie bis 1798 pünktlich verzinst bekam. Auch Goethes Herzog, Karl August von Sachsen-Weimar, verhandelte mit den Bernern über ein Darlehen und erhielt denn auch, beim Besuch von 1779, 50 000 Taler zugesprochen, deren Verzinsung Goethe zu überwachen hatte; elf Jahre später war die Summe abgetragen[32]. Es gab demnach auch ökonomische Gründe, welche die Route von Goethes 2. Schweizer Reise mitbestimmten – nur wird wenig davon gesprochen, weil Goethe selbst nichts von dieser Transaktion berichtet.

Konnten Motten und Rost derartigen Schätzen nichts anhaben – erst die Franzosen rückten ihnen 1798 beim Einmarsch in die Schweiz zuleibe –, so kämpfte dagegen der von Goethe und dem Herzog besuchte Pfarrer Daniel Sprüngli ständig gegen die Kräfte des Zerfalls.

Blick auf Bern

«Sprünglin's Sammlung, höchst interessant» lobt Goethe[33] lapidar, während der Herzog lediglich notiert: «Wir besahen ein Naturalien Cabinett»[34]. Pfarrer Sprüngli hatte den Talar an den Nagel gehängt und auf seinem Landsitz bei Bern nebst Versteinerungen und Kristallen gegen 200 ausgestopfte Vögel der Schweiz zusammengetragen, die er Interessenten von nah und fern gerne zeigte. Das einzige, was ihm Sorge machte, waren – wie ein Reisender 1763 beschreibt[35] – die «nagenden Würmer». Sprüngli wußte, «da alle bisher bekante Bestreuungen und sonstige Mittel … unzulänglich» waren, nichts anderes, als seine Präparate dadurch zu konservieren, «daß er sie alle Sommer aufs neue in einem Ofen dörret». Wie z.B. Sprünglis «Upupa epops. Gebänderter Wiedehopf»[36] nach solchem pfarrherrlichem Purgatorium aussah, läßt sich nur ahnen. Ans vermutlich zerzauste Exemplar der geistlichen Vogelsammlung hatte Goethe, viele Jahre später, wohl kaum gedacht, als er Hudhud den Wiedehopf als «einladenden Boten» im «Westöstlichen Divan» auftreten ließ.

Lämmergeierkopf und Steinkrähen aus Sprünglis Vogelsammlung

Bei seinem Besuch in Bern erwies man nicht bloß dem weimarischen Minister Goethe seinen Respekt, sondern mindestens so sehr auch dem Dichter des «Werther». Die «Wirkung dieses Büchleins war groß, ja ungeheuer», heißt es in «Dichtung und Wahrheit»[37], und in Bern kannte man neben Goethes Briefroman, der im Herbst 1774 erschienen war, erst noch das wenig später erschienene Werk «Les malheurs de l'amour. Drame. Berne, chez B. L. Walthard 1775»[38]: eine Dramatisierung der berühmten Geschichte, die gleichzeitig auf gesellschaftlich höherer Ebene angesiedelt wurde. «Il a fallu nécessairement changer bien des circonstances, pour réduire l'action de ce Roman dans la forme d'un Drame»[39] entschuldigt sich der anonyme Verfasser und verlegt denn auch den Schauplatz des Geschehens «dans les appartements du château de Waldeck»[40], tauft den armen Werther um in «Manstein»[41] und läßt gar für Charlotte

Melling née de Waldeck an einer Stelle ein Pferd satteln – auf Geheiß des Baron de Graz («en habit de chasseur»): «... j'ai déjà dit qu'on sellât le petit cheval allezan pour madame Melling»[42]. Undenkbar bei Goethe: Lotte zu Pferd! Der Name des Autors: Johann Rudolf Sinner von Ballaigues (1730–1787), Bibliothekar in Bern[43]. «Ich ging mit Wedeln [einem der Reisebegleiter] spatzieren» berichtet Herzog Carl August am 18. Oktober 1779 aus Bern, «u. begegneten Göthen, welcher mit des Schultheiß Sinners Sohne angestiegen kam. Dieser gesellte sich zu uns ...[44]» Schön wäre die Vorstellung, Goethe habe sich mit Sinner über den «Werther» unterhalten – doch dieser Sinner war nicht der Verfasser der «Malheurs de l'amour», den er vermutlich gar nie kennenlernte. Sein Begleiter war Karl Ferdinand von Sinner (1748–1826), Sohn des seit 1771 amtierenden Schultheißen Friedrich von Sinner (1713–1791). Vater Sinner verschaffte Carl August die Kopie eines im Schloß Spiez befindlichen Porträts des Herzogs Bernhard von Sachsen (1604–1639)[45] – jenes Herzogs, dessen Lebensgeschichte zu schreiben Goethe während einiger Zeit vorhatte[46]. Für seine Bemühungen um das Bild erhielt Sinner von Carl August eine goldene Dose – überbracht durch den «geheimen Rath Göthe» ...[47]

Neben den Herren Sinner begegneten der Herzog und Goethe einem andern Berner von Rang und Namen. Carl August schreibt am 18. Oktober 1779 an seine Frau: «Nach Tisch fuhren wir aufs Land zu einem ehmaligen Landvogt Tscharner mit Nahmen, ein Mann von vieler Weltkenntniß, wie es scheint. Den Abend zu Hauß.»[48] Gemeint ist Niklaus Emanuel Tscharner (1727–1794), ein aufgeklärter Zeitgenosse und Freund und Förderer der damaligen Land-

Titelseite von Sinners «Werther»-Dramatisierung und Lotte mit Werther-Manstein

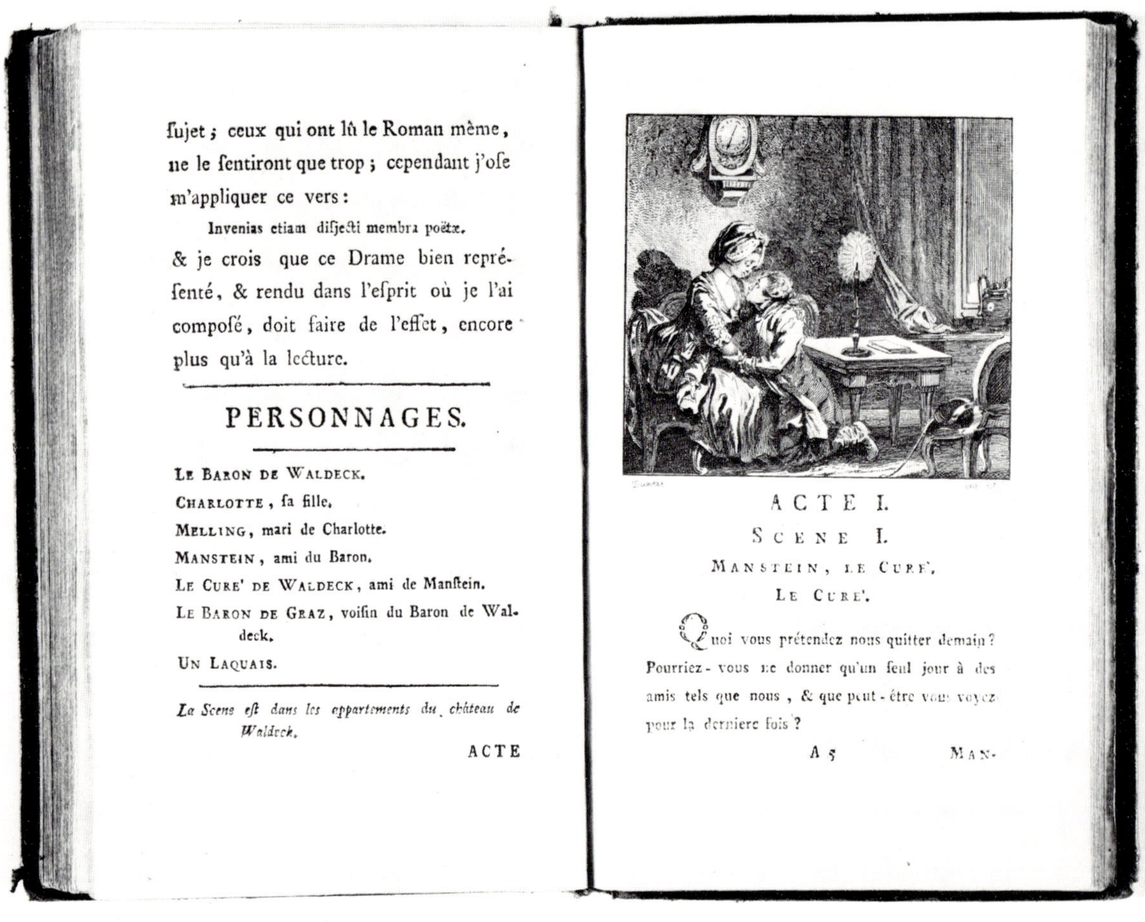

fujet; ceux qui ont lû le Roman même, ne le fentiront que trop; cependant j'ofe m'appliquer ce vers:

Invenias etiam disjecti membra poëtæ.

& je crois que ce Drame bien repréfenté, & rendu dans l'efprit où je l'ai compofé, doit faire de l'effet, encore plus qu'à la lecture.

PERSONNAGES.

Le Baron de Waldeck.
Charlotte, fa fille.
Melling, mari de Charlotte.
Manstein, ami du Baron.
Le Curé de Waldeck, ami de Manftein.
Le Baron de Graz, voifin du Baron de Waldeck.
Un Laquais.

La Scene eft dans les appartements du château de Waldeck.

ACTE

ACTE I.
SCENE I.
MANSTEIN, LE CURÉ.
LE CURÉ.

Quoi vous prétendez nous quitter demain? Pourriez-vous ne donner qu'un feul jour à des amis tels que nous, & que peut-être vous voyez pour la derniere fois?

A 5

MAN-

Tscharners «Blumenhof» in Kehrsatz bei Bern

bevölkerung. Als «Arner» hat ihm Johann Heinrich Pestalozzi in seinem Roman «Lienhard und Gertrud» ein Denkmal gesetzt[49]. Und auch Tscharner-Arners Gast Goethe hat Eingang in den Pestalozzi-Roman gefunden: in § 12 begrüßen Gertrud und ihre Kinder den heimkehrenden Lienhard mit folgendem Lied:

> «Der du von dem Himmel bist,
> Kummer, Leid und Schmerzen stillest ...»

– einer leicht veränderten Version von Goethes Gedicht «Wandrers Nachtlied», mit einer Melodie seines Freundes Philipp Christoph Kayser unterlegt.

Nach dem Besuch auf Tscharners «Blumenhof» in Kehrsatz sah Goethe, zurück in Bern, «durch die Schornsteine, daß die Sonne untergieng, und lief schnell auf die Terasse hinter dem Münster. Sie war schon untergegangen und an den Schneebergen stand noch das Roth, und der Mond oben darüber, du kennst den Anblick ...»[50] Bevor wir ihn in die Gletscherwelt des Berner Oberlandes begleiten, soll noch zwei besonders merkwürdigen Stätten ein Besuch abgestattet werden.

Langhans-Grab in Hindelbank

Ein denkwürdiges Grabmal

Ganz beiläufig erwähnt Goethe am 17. Oktober 1779 im Brief an Merck neben anderm Besichtigtem in Hindelbank bei Bern «das Grab der Langhans»[51]. Etwas nachdenklicher äußert er sich zur Freundin Charlotte v. Stein am 20. Oktober: «Vom Grabmal der Pfarren zu Hindelbanck zu hören werden Sie Geduld haben müssen, denn ich habe mancherley davon, darüber und dabey vorzubringen. Es ist ein Text worüber sich ein lang Capitel lesen läßt. Ich wünschte gleich iezt alles aufschreiben zu können (...)»[52] Wie dieses weitherum berühmte und von jedem bessern Touristen besuchte Grab aussah, können wir nicht von Goethe erfahren, dafür vom Reisebegleiter, dem Herzog Carl August, der es in seinem Brief vom 18. Oktober 1779 seiner Frau so beschreibt: «Wir aßen allein, u. diesen Nachmittag ritten wir auf ein Erlachisches Guth mit Nahmen Hindelbanck. Es ist dort folgendes Merckwürdig. Der Bildhauer Nahl aus Cassel ward durch die Familie herberufen, dem alten Erlach ein Grabmahl zu setzen. Er thats; sie aber verguldeten dieß Monument. Dieses verdroß ihm, u. er sagte, er wolte etwas machen, daß alle ihr Gold außstechen solte. Er thats indem er einer Pfarrers Frau von diesen Dorf einen Leichenstein, mit der größten Kunst machte. Es stellt die Frau vor, welche mit Ihren Leichenstein durchbricht u. unter demselben hervorkomt. Der Stein sieht auß als wäre er in drey Stücke zersprungen. Es ist sehr sonderbar.»[53] Johann August Nahl (1710–1781) hatte das Grabmal im ersten

Schmerz um die schöne Pfarrfrau Maria Magdalena Langhans geschaffen. Es zeigt die am Ostermorgen 1751 im Kindbett verstorbene junge Mutter mit ihrem Kleinen, aufgeweckt vom Posaunenschall des Jüngsten Gerichts, und folgende Antwort gebend: «Hier bin ich und das Kind, so du mir gegeben hast!». Das ergreifende, mit einer Inschrift Albrecht von Hallers gezierte Monument war so bekannt, daß es sogar in Miniaturform, aus Ton gebildet, zu kaufen war[54]. Hat Goethe an diesem merkwürdigen Grab über Tod und Vergänglichkeit nachgedacht und sich vielleicht des für ihn besonders schmerzlichen Hinschieds seiner Schwester im Oktober 1777 erinnert, deren Grab er auf der Herreise am 27./28. September besucht hatte? Es mag sein, doch die Fortsetzung des Briefes an Frau von Stein lenkt unsere Vermutungen noch in eine andere Richtung: «Man spricht mit einem allzeit fertigen Enthusiasmus von solchen Dingen, und niemand sieht drauf was hat der Künstler gemacht, was hat er machen wollen». Nahl – der später erfolgreich an einem Wettbewerb der von Goethe inspirierten Weimarer Kunstfreunde teilnahm[55] – hatte den Tod wohl gerade so gebildet, wie es Goethe gemäß war. Ihm, der es ablehnte, die erstarrten Gesichter seiner verstorbenen Freunde auf dem Totenbett zum letztenmal zu sehen, der Trauerfeierlichkeiten zu umgehen pflegte und einmal sagte, den Tod statuiere er nicht[56] – für ihn war dieses Bild des Todes wohl das einzig angemessene. Die in ihrer Jugendschönheit auferstehende Pfarrfrau, die ihren Grabdeckel aufbricht wie der Schmetterling den Kokon: sie ist Ausdruck dessen, was der alte Goethe im Divan «Stirb und werde!» nennen wird[57] oder was er in einem Brief[58], gleichfalls an die Freundin (2. Juli 1781) so ausdrückt: «Wie gut ists, daß der Mensch sterbe, um nur die Eindrücke auszulöschen und gebadet wieder zu kommen».

Der Docktor mit den hellen, scharfen Augen

Medizinflaschen aus Michel Schüppachs Praxis

Noch 40 Jahre nach der zweiten Schweizer Reise erinnerte sich Goethe eines Mannes, den er mit dem Herzog von Bern aus aufgesucht hatte: Michel Schüppach (1707–1781), Wunderdoktor in Langnau. Am Abend des 25. April 1819 erzählte er in Weimar nämlich, nach dem Bericht eines Gastes, «von seinen drei Schweizer Reisen, von dem Berner Arzt (Schuppmacher, glaub' ich), der mit seinen hellen, scharfen Augen den Leuten gleich jede Krankheit angesehen und gleichsam in Lunge und Leber hineingeguckt habe»[59]. Der intensive Blick des Arztes war ihm schon seinerzeit aufgefallen: sein Auge schien ihm «das gegenwärtigste das ich glaube gesehn zu haben. Blau, offen, vorstehend, ohne Anstrengung beobachtend pp.», schreibt er an Charlotte von Stein[60]. Im übrigen war der «Docktor in Langnau» an jenem 17. Oktober 1779 nicht gerade bei bester Laune: «er hatte Honig gegessen den er nicht verdauen kan, und seine Frau war abwesend ...»[61] Carl August seinerseits fand ihn «sehr merckwürdig. Er ist 72 Jahr alt, sehr dick, bonhomisch, u. erstaunlich ruhig. Er sprach nicht viel; sein Hauß liegt sehr schön.»[62]

An adlige Besucher wie Goethes Herzog war Schüppach schon seit langem gewöhnt. Sie wurden ihm gerne von Christian von Mechel aus Basel vermittelt[63], der ihnen meist auch noch ein Bild verkaufte, und pilgerten nun, am Magen, der Leber und der Seele krank, zu ihm nach Langnau, verloren bei Michelis Schröpfkur ein wenig blaues Blut und bekamen dafür Arsen-, Quecksilber- und Bleipräparate verschrieben oder auch Medikamente, für die Schüppach Hunde-, Bären- oder Dachsfett verwendete – falls er nicht «Strobells Fieberpflaster» für nötig hielt, für das er 80 große lebende Spinnen brauchte nebst rohem Terpentin, Kolophonium oder Asphalt und etwas «Sal ammoniatum»[64]. Im Fall der Gräfin de Brionne behalf er sich mit einer Naturmethode: er brachte ihren Magenabszeß durch einen wohlplazierten Schlag in die gräfliche Magengrube zum Platzen und bewirkte so die Heilung. Üblicherweise betrachtete er mit seinen «hellen scharfen Augen» das Wasser der Patienten und erkannte daraus wie im ruhigen Gespräch einiges über die Hintergründe ihrer (wohl häufig psychosomatischen) Leiden. Da er nur deutsch sprach, wirkte seine sprachenkundige Frau als Dolmetscherin.

Bei Goethes und des Herzogs Besuch war sie, wie gesagt, ausgegangen. Um so besser begreift man darum, daß der zur Kur von Nancy ins Emmental gereiste «Chevallier Holborn mit seiner Schwester aus England» sich – nach dem Bericht des Herzogs – freute, «in der Einsamkeit wieder Leute zu finden, mit denen sie sprechen konnten. Wir brachten einen zieml. lustigen Abend mit Ihnen zu, u. übernachteten daselbst, doch aber allein, nehml. ohne der Engländerinn»[65]. Zu Michelis Haushalt gehörten zwei Enkelinnen, die Carl August «zieml. hübsch» fand. Gerade darum wohl hatte der Großvater die eine schon mit 15 Jahren verheiratet, um – wie ein britischer Besucher im selben Jahr wie Goethe anmerkt – «to prevent her being spoiled by the young gentlemen telling her that she was pretty, and inspiring her with the ambition of marrying above her rank»[66]. Abgesehen von «a slight knowledge of anatomy» besaß Schüppach eben eine Eigenschaft, die Goethe besonders gefiel: intuitive Menschenkenntnis.

Michel und Marie Schüppach

Der untere Grindelwaldgletscher mit Lütschine. Gemälde von Caspar Wolf (1735–1798)

Die «merckwürdige Tour durch die Bernischen Glätscher»

Nach Genuß einer großen Forelle in Unterseen, wohin die Reisenden von Bern über Thun gekommen waren, fuhren sie am 9. Oktober «auf einem engen Leiterwägelgen zusammen gepackt ab gingen aber bald zu Fuße durch das Thal bis nach Lauterbrunnen»[67], wo sie im Pfarrhaus zweimal übernachteten. Dort konnten sie «vor das Pfarrhaus Fenster hinunter» (wie Carl August notiert[68]) den berühmten Staubbach aus felsiger Höhe niederstürzen sehen – neben dem Rheinfall bei Schaffhausen zur Goethezeit meistbesuchtes Naturschauspiel der Schweiz. «... wir haben den Staubbach bei gutem Wetter zum erstenmal gesehen die Wolken der Obern Luft waren gebrochen und der blaue Himmel schien durch. An den Felswänden hielten Wolken, selbst das Haupt wo der Staubbach herunter kommt, war leicht bedekt. Es ist ein sehr erhabener Gegenstand. Und es ist vor ihm, wie bei allem großen, so lang es Bild ist so weis man doch nicht recht was man will. Es läßt sich von ihm kein Bild machen, die Sie von ihm gesehen haben sehen sich mehr oder weniger ähnlich; aber wenn man drunter ist, wo man weder mehr Bilden noch beschreiben kann, dann ist man erst auf dem rechten Flek»[69], schreibt Goethe am Abend des 9. Oktober 1779 an Charlotte von Stein. Vor ihm und auch zu seiner Zeit haben Reisende und Dichter – etwa Albrecht von Haller – immer wieder in Worte zu übertragen versucht, was sich ihren Augen darbot: in sicherer Distanz beobachtend und den Eindruck sorgfältig aufzeichnend. Goethe dagegen läßt sich «drunter», aus nächster Nähe, vom elementaren Eindruck recht eigentlich überwältigen, und sein «Gesang der Geister über den Wassern»[70], in Lauterbrunnen niedergeschrieben, ist aber auch weit mehr als bloße Beschreibung eines Naturbildes. Er nimmt den Fall des Wassers und das Wiederaufsteigen der Feuchtigkeit zum Himmel als Symbol für den Kreislauf des Lebens überhaupt, in den auch die menschliche Existenz einbezogen ist – jenen Kreislauf, für den er gelegentlich auch die Formel «Dauer im Wechsel» verwendet. Die hier abgedruckte Fassung des Gedichts – nicht ganz identisch mit der später veröffentlichten – hat sich in einer Abschrift von Goethes Hand im Nachlaß seiner Zürcher Freundin Bäbe Schultheß[71] erhalten und liegt heute in der Zürcher Zentralbibliothek.

Staubbachfall

1.

Des Menschen Seele
Gleicht dem Wasser
Vom Himmel kommt es
Zum Himmel steigt es

2.

Und wieder nieder
Zur Erde muß es
Ewig wechselnd

1.

Strömt von der hohen
Steilen Felswand
Der reine Strahl
Stäubt er lieblich
In Wolken = Wellen
Zum glatten Fels
Und leicht empfangen
Wallt er schleyrend
Leis rauschend
Zur Tiefe nieder

2.

Ragen Klippen
Dem Sturz entgegen
Schäumt er unmuthig
Stufenweise
Zum Abgrund.

1

Im flachen Bette
Schleicht er das Wiesthal hin

2

Und im glatten See
Weiden ihr Antlitz
Alle Gestirne

1.

Wind ist der Welle
Lieblicher Buhler

2

Wind mischt von Grund aus
Alle die Wogen

1.

Seele des Menschen
Wie gleichst du dem Wasser

2

Schicksaal des Menschen
Wie gleichst du dem Wind.

Peter im Baumgarten, Hirtenknabe aus Meiringen im Berner Oberland, der als Goethes Schützling 1777 nach Weimar kam, wo er sich freilich nicht zur Zufriedenheit seines Betreuers entwickelte

Kein anderes Werk Goethes, das sein Schweiz-Erlebnis widerspiegelt, hat den Rang dieses Textes. Nur die Verse zu Beginn von «Faust II», welche einen Sonnenaufgang im Gebirge schildern, und das Gedicht «Auf dem See» können sich damit messen.

Über den Staubbach, etwas prosaischer auch «Pletschbach» genannt, wie auch über die Gletscherwelt des Berner Oberlandes hatte sich Goethe in einem 1777 erschienenen Reiseführer orientieren können, der «Kurzen Anleitung für diejenigen, welche eine Reise durch einen Teil der merkwürdigsten Alpgegenden des Lauterbrunnentals, Grindelwald und über Meyringen nach Bern zurück machen wollen». Den Verfasser, den Berner Pfarrer Jakob Samuel Wyttenbach (1748–1830), hatte Goethe in Bern kennengelernt, und er beruft sich gerne auf dessen Buch: «… nach einer kleinen gedruckten Anweisung Wyttenbachs auf die Glätscher. Über Thun, Unterseen ins Lauterbrunn, Staubbach, auf den Steinberg, die Glätscher gegenüber bis ans Tschingelhorn, zurück, dann in Grindelwald, die beiden Glätscher und unbeschreibliche Tage über den Scheideck ins Oberhasli durch den Grund bis Guttannen, zurück auf Meyringen. In der höchsten Klarheit des Himmels, Wärme und Kühle, ein Grün über alles, und Farben an den abstehenden noch ganz beblätterten Bäumen!! In Tracht bei Brienz schlafen. Mit Sonnenaufgang auf den Brienzer See. Über Unterseen auf den Thuner, nach Thun, auf Bern …»[72] Das war die Route seiner «merckwürdigen Tour durch die Bernischen Glätscher»[73], welche übrigens auch der Herzog sowie der Diener Philipp Seidel – Goethes treues Faktotum – beschrieben haben. Es ist ein reizvolles Detail, daß der Fürst wie der Knecht ein unerwartetes Geschenk der Natur besonders bemerkten: «Hier» (in Grindelwald) «besuchten wir gleich den Gletscher, aus welchen die Grindel entspringt, u. fanden Erdbeeren, welche in einen äuserst romantischen Erlenwäldchen neben den Eise wachsen»[74] schreibt der Herzog, und Philipp Seidel erzählt seinerseits, daß sie «Erdbeeren in dem Hölzgen (…) gleich darneben»[75] (neben dem Gletscher) gesucht hätten.

Ebenfalls nach Philipps Bericht mußten dann in Brienz «zwei Bursche nach Schweizermanier in dem Gras mit einander ringen»[76], um die ausländischen Herren vor Sonnenuntergang noch etwas mit helvetischer Folklore bekanntzumachen. Hatten diese auch Augen für die oft

Berner Oberländer Schwinger

Wildheuer. Zeichnung von Gabriel Lory d. J. (1784–1846)

mühselige Arbeit der Oberländer Bauern? Goethe gewiß, aber er schreibt nicht in seinen Reiseberichten davon, wohl aber – viele Jahre später – an einem andern Ort: «Wir entfernen uns nicht von der Absicht, unsern Lesern den Zustand solcher wilden Gegenden so nah als möglich zu bringen, wenn wir das eben gebrauchte Wort, Wildheuer, mit wenigem erklären. Man bezeichnet damit ärmere Bewohner der Hochgebirge, welche sich unterfangen auf Grasplätzen, die für das Vieh schlechterdings unzugänglich sind, Heu zu machen. Sie ersteigen deswegen, mit Steighaken an den Füßen, die steilsten, gefährlichsten Klippen, oder lassen sich, wo es nötig ist, von hohen Felswänden an Stricken auf die besagten Grasplätze herab. Ist nun das Gras von ihnen geschlagen und zu Heu getrocknet, so werfen sie solches von den Höhen in tiefere Talgründe herab, wo dasselbe wieder gesammelt an Viehbesitzer verkauft wird, die es der vorzüglichen Beschaffenheit wegen gern erhandeln»[77]. Dieses Zitat stammt aus «Wilhelm Meisters Wanderjahren» – einem Werk, in dem man Alpines nicht unbedingt vermutet. Es ist dort die Rede von einem «trefflichen Künstler»[78], dessen «sämtliche Portefeuilles» von Wilhelm und seinen Freunden betrachtet und besprochen werden. Neben Schilderungen von «Seeansichten» werden auch geglückte Darstellungen «höherer Alpgegenden» gelobt und «der Gegenden des Hochgebirgs», «wo weder Baum noch Gesträuch mehr fortkommt, sondern nur zwischen Felszacken und Schneegipfeln sonnige Flächen mit zartem Rasen sich bedecken. So schön und gründuftig und einladend er dergleichen Stellen auch koloriert, so sinnig hat er doch unterlassen hier mit weidenden Herden zu staffieren, denn diese Gegenden geben nur Futter den Gemsen, und Wildheuern einen gefahrvollen Erwerb»[79]. Diese Textstelle führt uns nach Bern zurück, zu einem Maler, der als Vorbild für die Figur des «trefflichen Künstlers» angesehen werden darf: aus Bern stammend, dort 1784 geboren und daselbst 1846 gestorben, sein Name: Gabriel Lory d.J. – ein von Goethe hochgeschätzter Meister[80]. Als der Dichter sich 1828, nach dem Tode seines herzoglichen Reisebegleiters von 1779, in seinem Schmerz auf Schloß Dornburg zurückzieht, ist es ein Bild von Lory, das ihn etwas zu trösten vermag: «ein liebenswürdiges Kunstbild ... von Lory Sohn, eine kleine Landschaft von der größten Schönheit. Sie ist eigenhändig bis ans Ununterscheidbarste hinan radiert und in Aquarell so trefflich ausgemalt, daß man über die Klarheit der Konzeption, die Ausführlichkeit und dabei die vollkommenste Haltung ganz in Erstaunen gerät»[81].

Orpheus-Mosaik von Cheyres

«Die Schweizer tracktiren so etwas wie die Schweine ...»

Dies schrieb Goethe am 21. Oktober 1779 aus seinem Nachtquartier in Moudon der Freundin im fernen Weimar und meinte mit «so etwas» «ein Mosaisches Pflaster bei Chaire gegen den Neustädter See zu ...»[82], das er am Morgen mit dem Herzog besichtigt hatte. Sein Zorn gegen die barbarischen Helvetier hatte schon am Vortag, in Avenches, zu rauchen begonnen, denn dort hatte man «einen Fusboden Mosaique von der Römer Zeit gesehen, schlecht erhalten, und geht täglich mehr zu Grunde, daß es Jammer ist»[83].

«Cigognier» in Avenches – so benannt nach dem Storchennest, das sich zeitweise auf der Säulenspitze befand

So griff der Antike-Freund Goethe denn in Moudon zur Feder und schickte dem Landvogt, Tobie Gottrau de Billens, «ein anonym billet, ihm zu berichten daß das Mäuergen umher einzufallen anfinge, und bat ihn es wieder herstellen zu lassen. Doch hilft auch das nichts wenn ers auch thut ppp. Es stellt den Orpheus vor in einem Rund, und in den Feldern umher die Thiere, es ist mittelmäsige Arbeit»[84].

Entdeckt hatte man diesen römischen Mosaik-Fußboden 17 Monate vor Goethes Besuch, am 16. Mai 1778, als die Knechte des Landvogts Castella de Villardin beim Pflügen waren und ihr Herr durch zutage geförderte «pierres antiques» auf den Gedanken kam, noch tiefer graben zu lassen[85]. Seine verdienstvolle Tat sollte keine weitreichenden Folgen haben, so wenig wie Goethes Billet: der neue Landvogt kümmerte sich, «besonders da es in einem benachbaarten Amt liegt und er nur die Schlüssel dazu hat»[86], nicht darum, und Charles-Nicolas Buman, sein Nachfolger, auch nicht. So zerfiel das aus etwa 800 000 Steinchen zusammengesetzte Mosaik von Cheyres zusehends, und die Bauern der Umgebung zerstückelten den thrakischen Sänger Orpheus endgültig – wie es im Mythos die rasenden Mänaden tun. Nachdem neben dem schönen Bild auch antike Münzen ans Tageslicht geraten waren, führten sie ihrerseits Grabungen nach eigenem Geschmack durch, von der Hoffnung getrieben, hier Schätze zu finden. Und so sah man vom Orpheus-Mosaik nach einem in Goethes Todesjahr (1832) erschienenen Bericht[87] nur noch «quelques vestiges».

Goethe hatte im übrigen schon zwei Tage nach seinem Fluch gegen die Schweizer seinen Ärger vergessen können. Er entschuldigte sich bei Frau von Stein: «Wenn es was zu schreiben giebt merck ich wohl wird nichts geschrieben und von alten Fusboden die Sie nichts angehn unterhalt ich Sie weitläufig …»[88] Vielleicht war es der Glanz der Genferseelandschaft, der ihn Orpheus vergessen ließ – vielleicht auch der Liebreiz einer Dame von Welt, die er in Lausanne kennenlernte.

Zweiter Teil: Vom Genfersee auf die Furka

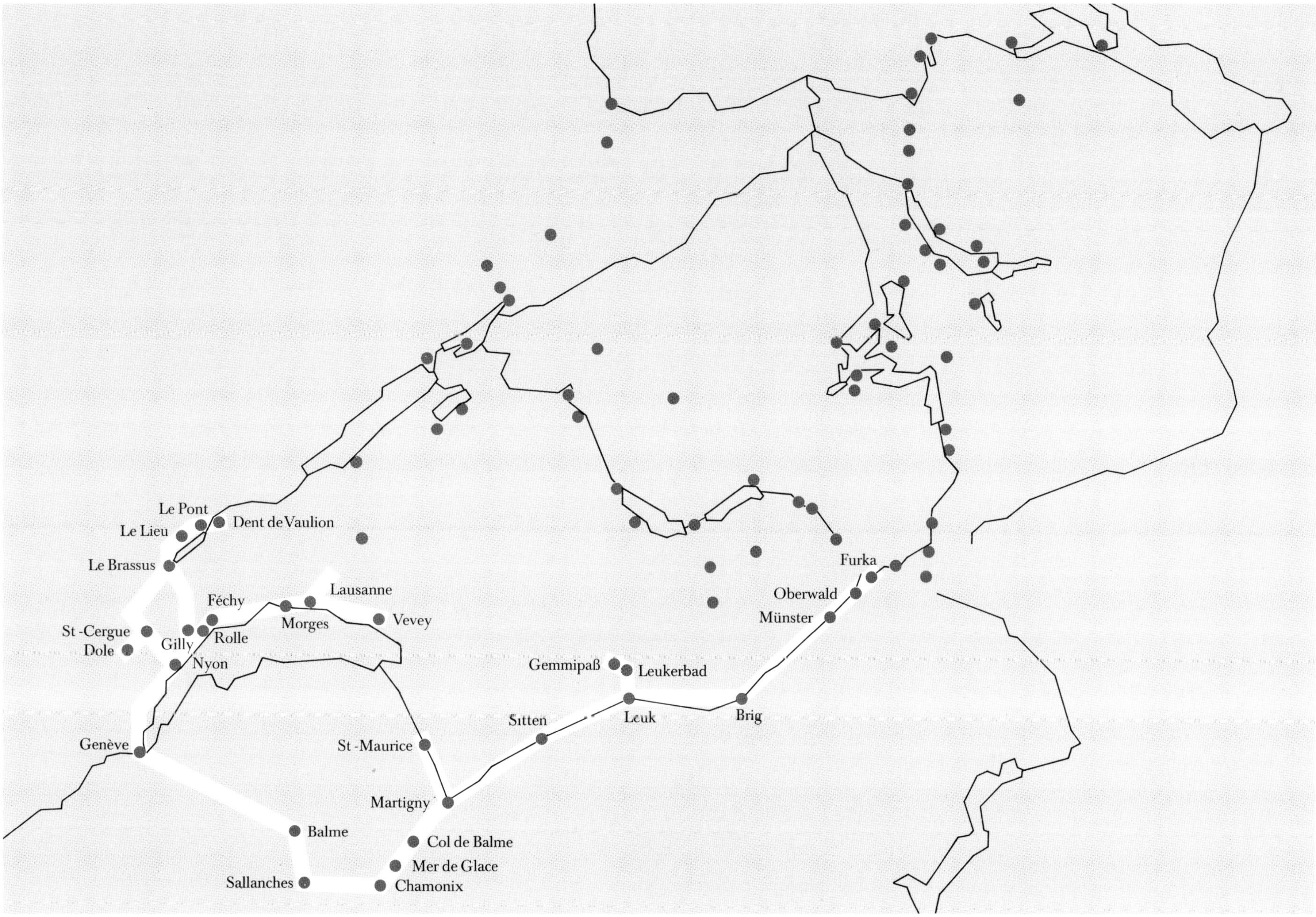

Das Winzerdorf Féchy am Genfersee

«... daß wie der Wein selbst den Orten und Gegenden, wo er wächst und getrunken wird, einen freiern Charakter gibt, so auch diese Tage der Weinlese ...»

Blick über den Genfersee bei Gilly

«Der Genfer See wird hier von den Walliser und Savoyer Gebürgen eingeschlossen die steil herab gehn, die Einsicht ins Wallis ist ahndungsvoll und die Schweizerseite mit Weinbergen sorgfältig und fröhlig genuzt.»

Der Montblanc, von der Dent de Vaulion aus gesehen

«Der Montblanc gegen uns schien der höchste, die Eisgebirge des Wallis und des Oberlandes folgten ...»

Schloß Rolle am Genfersee (Lac Léman)

«... er habe die Odyssee ex professo auf dem Lemanischen See gelesen, sich mit Ulysses auf die Beschwerden in den Alpen und der Glaciers zu stärken.»

Blick auf den Hauptturm der Kathedrale von Lausanne

«Lausanne liegt allerliebst, ist aber ein leidig Nest, Lusthäuser sind umher von trefflichen Aussichten, auch Spaziergänge.»

Blick von der Dent de Vaulion auf die Berner und Walliser Alpen

«... die ganze reine Reihe aller Schnee- und Eißgebürge, ohne Unterschied von Namen der Völker und Fürsten, die sie zu besizen glauben, nur Einem großen Herrn und dem Blik der Sonne unterworfen ...»

Am Lac Brenet im Waadtländer Jura

«Hier nahebei ist ein kleiner See, der keinen Zu- und Abfluß zu haben scheint. (...) Die Lage des kleinen Sees ist wie in einem eigenen kleinen Tal, was man niedlich sagen kann.»

«Ton der großen Glocke der läutenden Kühe ...»

Dent de Vaulion (rechts) am Lac de Joux

«Wir sahen von weitem die Dent de Vaulion über einem Nebel, der auf dem See stand, hervorblicken. (...) das Wetter klärte sich völlig auf und wir kamen gegen den Fuß der Dent de Vaulion.»

Lac de Joux (links) und Lac Brenet von der Dent de Vaulion aus gesehen

«Grad an war ein schöner Anblik. Hier ist die Spize die diesem Gipfel den Namen eines Zahns giebt, er geht steil und eher etwas einwärts hinunter, in der Tiefe schließt ein kleines Fichtenthal an ...»

Die Türme der Kathedrale von Genf

«Auch hier sind wir länger geblieben als wir dachten, und müssen doch noch leider interessante Personen und Sachen, ungekannt und ungesehn zurücklassen. Die Stadt selbst macht mir einen fatalen Eindruck.»

Aiguilles im Montblancmassiv

«Die Gipfel der Felsen gegenüber und auch in die Tiefe des Tals hin sind sehr spitzig ausgezackt. Es kommt daher, weil sie aus einer Gesteinsart zusammen gesetzt sind, deren Wände fast ganz perpendikular in die Erde einschiessen. Wittert eine leichter aus, so bleibt die andere spitz in die Luft stehen. Solche Zacken werden Nadeln genennet und die Aiguille du Dru ist eine solche hohe merkwürdige Spitze…»

Der Montblanc bei Chamonix

«Der mont blanc (...) kam immer mehr hervor. Die Sonne ging klar unter, es war so ein großer Anblik, daß ein menschlich Auge nicht dazu hinreicht. Der fast volle Mond kam herauf...»

«So waren doch die schroffen Eisklippen (...)
mit ihren vitriolblauen Spalten sichtbar ...»

Mer de Glace von Montenvers aus

«Ich würde es, um die Backen nicht so voll zu nehmen, eigentlich das Eistal oder den Eisstrom nennen: denn die ungeheuren Massen von Eis dringen aus einem tiefen Tal, von oben anzusehen, in ziemlicher Ebene hervor.»

Gemmiwand mit dem Dörfchen Inden

«... das Dorf Inden mit einer weißen Kirche ganz am Hange des Felsens in der Mitte von der Landschaft (...) Gleich hinter dem Dorfe stieg eine große Kluft von Felsen in die Höhe, die Berge von der linken Seite schlossen sich bis zu uns an, die von der rechten setzten auch ihre Rücken weiter fort ...»

Münster im Oberwallis

«In der Höhe aber breitet sich das Land wieder recht schön aus, auf mannigfaltig gebogenen Hügeln sind schöne nahrhafte Matten, liegen hübsche Örter, die mit ihren dunkelbraunen hölzernen Häusern gar wunderlich unter dem Schnee hervorgucken.»

Gasthof «Zum goldenen Kreuz» in Münster

«Wir gehen fleißig ins Fenster und sehen uns nach der Witterung um, denn wir sind jetzt sehr im Fall, Winde und Wolken anzubeten.»

Sitten mit den Hügeln Valère und Tourbillon

«... herrliche Aussicht ... nach Sion und dem ganzen Thal. Aufsteigen der Dämpfe von den schnee bergen.»

«Auf einmahl öfnet sich daß Thal, die Cultur komt wieder, alles lebt, u. alles ist bewohnt. Man findet hübsche Dörfer, u. gute Häuser.»

Rathaus, früher Turm der Viztume in Leuk

«Wir mußten nunmehr wieder einen Hügel hinauf und sahen dann bald das offene Wallis und die garstige Stadt Leuk unter uns liegen.»

Ausblick von der Furka auf die Berner Alpen

«Die Tiefen, aus denen man herkommt, liegen grau und endlos im Nebel hinter einem. Die Wolken wechseln über die blasse Sonne ...»

«Die Wände des Abgrunds sind dunkele, gerade einschießende Platten Felssen.»

Die junge Rhone

Der Rhonegletscher «steigt ununterbrochen herunter bis da wo unten im Tal die Rhone aus ihm herausfließt ...»

Wolkentreiben über der Furka

«Man betrachtet sie [die Wolken] nur als Gäste, als Streichvögel, die, unter einem andern Himmel geboren, von dieser oder jener Gegend bei uns augenblicklich vorbeigezogen kommen …»

Eine geistreiche Sirene am Genfersee

Maria Antonia von Branconi (1746–1793)

Fast etwas verschämt, in einem Nachsatz zum Brief vom 28. Oktober 1779, teilt Goethe dem Freund Lavater mit, daß er «in Lausanne (...) die gar liebliche Branckoni zwey mal gesehn»[89] habe. So wenig ihm die Stadt selbst gefiel, zwar «allerliebst» gelegen, «aber ein leidig Nest»[90], so sehr hatte es ihm die 33jährige Maria Antonia von Branconi[91] angetan. Diese schönste aller Frauen, die er in der Schweiz traf, konnte damals bereits auf ein bewegtes Leben zurückblicken. 1746 in Genua geboren, hatte sie schon mit zwölf Jahren geheiratet, gebar 16jährig ihren ersten Sohn, zwei Jahre später eine Tochter und wurde mit 20 Jahren Witwe. Im gleichen Jahr 1766 berührte sich ihr Weg mit dem des Erbprinzen Carl Wilhelm Ferdinand v. Braunschweig, dessen Geliebte sie wurde und dem sie am 29. Dezember 1767 einen Sohn schenkte, den späteren Grafen von Forstenburg.

Auf Goethe wirkte die schöne und geistreiche Frau gleich einer lockenden Sirene. Die reizvoll-unheimlichen Märchengestalten aus der «Odyssee» waren ihm damals besonders gegenwärtig: in Unterseen, wohl beim Forellenmahl, hatte der «Herr Geh. R[at] (...) aus dem Homer von den Sirenen»[92] vorgelesen, wie Philipp Seidel notiert, und mit den «Mädchen, die jeden menschen, der ihnen begegnet, bezaubern»[93] (wie es in der von Goethe benützten Bodmerschen Übersetzung von 1778 heißt), wird die Schöne denn auch verglichen: «Sie war so artig mir wenigstens glauben zu machen daß ich sie interessire, und ihr mein Wesen gefalle, und das glaubt man diesen Sirenen gerne»[94], schreibt er mit rührendem Stolz an Lavater. Dieser wußte sehr wohl, von wem sein Freund sprach. Auch ihn verband herzliches Einverständnis mit der «überschönen Branckoni»[95], die sich dem Zürcher Gottesmann am 22. Februar 1781 folgendermaßen erklärte: «Quand je pense à toi, mon ame se confond avec la tienne, et je ne vis plus qu'en toi. O toi cheri pour la vie, l'ame de mon ame! Il y a quatre semaines, o souvenir! Je t'envoye quelque chose, qui te fera plaisir – je sais combien j'en ai, quand je reçois quelque chose de toi. – Ton mouchoir, tes cheveux sont pour moi ce que mes jarretières sont pour toi»[96].

Goethe dagegen, weit entfernt von Rokoko-Frivolität, hat mit ihr weder Taschentücher, Haare noch Strumpfbänder getauscht, sich hingegen am Abend des 22. Oktober ihres Gesprächs erfreut und sie auch am nächsten Tag nochmals besucht – ohne Carl August, der bei der Herzogin von Kurland weilte. An Frau von Stein schreibt Goethe über seine Gastgeberin: «Sie kommt mir so schön und angenehm vor daß ich mich etlichemal in ihrer Gegenwart stille fragte, obs auch wahr seyn möchte daß sie so schön sey. Einen Geist! ein Leben! einen Offenmuth! daß man eben nicht weis woran man ist»[97]. Charlotte von Stein pflegte solche Erklärungen mit Gleichmut aufzunehmen, offenbar zum leisen Ärger Goethes, der ihr 1780 erneut über die Schöne aus Genua schreibt: «Sie ist lieblich wie man seyn kann» und beifügt:

«Ich wollte Sie wären eifersüchtig darauf und schrieben mir desto fleisiger»[98]. Daß er Charlotte von Stein in einem Brief an Lavater vom 31. Juli 1775[99] in physiognomischer Hinsicht ausgerechnet mit Frau von Branconi verglichen hatte (die er damals beide nur von Porträts kannte), war seiner Weimarer Freundin wohl kaum bekannt:

«Stein	*Brankoni*
Festigkeit	unternehmende Stärcke
Gefälliges unverändertes Wohnen des Gegenstands	Scharf- nicht Tiefsinn.
Behagen in sich selbst	Reine Eitelkeit
Liebevolle Gefälligkeit	Feine verlangende Gefälligkeit
Naivetät und Güte, selbstfliesende Rede	Wiz, ausgebildete Sprache Wahl im Ausdruck
Nachgiebige Festigkeit,	Widerstand
Wohlwollen,	Gefühl ihrer selbst.
Treubleibend	Fassend u. haltend.
Siegt mit Nezzen	Siegt mit Pfeilen.»

Von den Pfeilen der Frau von Branconi hatte er sich nur leicht ritzen lassen und empfand darum für ihren Begleiter und Hauslehrer ihres Sohnes, Karl Johann Konrad Michael Mattei, lebhaftes Mitleid, mußte dieser doch bei ihr «das ganze Jahr par devoir wie Butter an der Sonne»[100] stehen …

Mattei hat übrigens Goethes Gespräch mit seiner Herrin aufgezeichnet, in dem der Dichter nochmals auf sein Staubbach-Erlebnis zu sprechen kam: «Er erzählte von seiner Reise mit dem Herzog, vom Staubbach bei Lauterbrunnen, angesichts dessen sein ‹Gesang der Geister über den Wassern› entstanden. Der Staubbach im Lauterbrunner Tal wäre ihm das höchste Ideal der Ruhe, sein Fall und Wasserstaub hätte ihn mit einem seligen Gefühl überfallen; überhaupt wenn der Mensch sich nur stets der Ruhe überließe, würde er alles in der Natur ansehen, wie Natur es gibt»[101]. Man unterhielt sich ferner über den Herzog Carl August, über Herder und Lavater, und selbst über die «Glückseligkeit des Schlafs» und auch den Kaffeegenuß, welchem die Dame aus Genua sicherlich frönte – im Gegensatz zu ihrem Gast aus Weimar. Wie sich Goethe von Frau von Branconi verabschiedet hatte und von Mattei zur Tür geleitet wurde, sagte er zu ihm: «Nun sehe ich ein, warum Sie, Mattei, niemand in Lausanne kennen wollen. Jesus! Was könnte diese Frau aus einem machen!»

«Es sind keine Worte für die Größe und Schöne dieses Anbliks ...»

Diese Gebirgsstraße zwischen hohen Felswänden mit dem oft in Goethes Zeichnungen wiederkehrenden Motiv des überhängenden Felsens zeichnete der Dichter 1806 aus der Erinnerung an die Schweizer Reisen

Einer von Goethes Freunden «hatte die schönste Zeit seiner jungen Tage in der französischen Schweiz zugebracht und nachher den erfreulichen Umgang von Hof-, Welt- und Geschäftsleuten und gebildeten Literatoren genossen»[102] – ein Mann, der vom Dichter des «Faust» immer wieder als Verkörperung des mephistophelischen Prinzips geschildert wird, als «ein Teil von jener Kraft, die stets das Böse will, und stets das Gute schafft»[103]: Johann Heinrich Merck (1741–1791) aus Darmstadt. «Merck und ich waren immer miteinander wie Faust und Mephistopheles»[104], sagte der alte Goethe am 27. März 1831 zu Eckermann – und zumindest in einem Fall schaffte Merck-Mephisto sogar nur Gutes, indem er seinem Freunde riet, in Morges am Genfersee seine Schwiegereltern Charbonnier zu besuchen und danach zum Lac de Joux und der Dent de Vaulion zu reisen. Goethe verdankte dieser Anregung eines seiner größten Landschaftserlebnisse in der Schweiz – und die Nachwelt besitzt in seinen Berichten von der Tour in den waadtländischen Jura Schilderungen von ganz besonderem dichterischem Glanz.

Noch unmittelbarer vielleicht als in den 1796 veröffentlichten «Briefen aus der Schweiz von 1779» wirken die Aufzeichnungen in den spontan formulierten Briefen an die Freundin. Er schreibt ihr am 28. Oktober 1779 aus Genf: «Den 24. Okt. ritten wir, in Begleitung eines Hauptmanns und Oberforstmeisters dieser Gegenden erstlich Mont durch die Weinberge und Landhäuser hinan. Das Wetter war sehr hell, wir hatten, wenn wir uns umkehrten, die Aussicht auf den Genfersee, die Savoier und Wallisgebürge, konnten Lausanne erkennen und durch einen leichten Nebel auch die Gegend von Genf. Der mont blanc, der über alle Gebürge des faucigné ragt, kam immermehr hervor. Die Sonne ging klar unter, es war so ein großer Anblik, daß ein menschlich Auge nicht dazu hinreicht. Der fast volle Mond kam herauf und wir immer höher. Durch Fichtenwälder stiegen wir weiter den Jura hinan, und sahen den See im Duft und den Widerschein des Monds drinn. Es wurd immer heller. Der Weg ist eine wohlgemachte Chausée, nur angelegt um das Holz aus dem Gebürg bequemer in das Land herunter zu bringen. Wir waren wohl drei Stunden gestiegen, als es hinterwärts sachte wieder hinab zu gehen anfing. Wir glaubten unter uns einen großen See zu erbliken, indem ein tiefer Nebel das ganze Thal, was wir übersehen konnten, ausfüllte. Wir kamen ihm endlich näher, sahen einen weisen Bogen den der Mond drinn bildete und wurden bald ganz vom Nebel eingewikelt. Die Begleitung des Hauptmanns verschafte uns Quartier in einem Hause, wo man sonst nicht Fremde aufzunehmen pflegt. Es unterschied sich in der innern Bauart von gewöhnlichen Gebäuden in nichts, als daß der große Raum mitten inne zugleich Küche, Versammlungsplaz, Vorsaal ist und man von da in die Zimmer gleicher Erde und auch die Treppe hinauf geht. Auf der einen Seite war an dem Boden auf steinernen Platten das Feuer angezündet, davon ein weiter Schornstein, mit Brettern dauerhaft und sauber ausgeschlagen, den Rauch aufnahm. In der Eke waren die Thüren zu den Baköfen, der ganze Fußboden übrigens gedielet, biß auf ein kleines Ekgen am Fenster um den Spühlstein, gepflastert, übrigens rings herum, auch in der Höhe über den Balken, eine Menge Hausrath und Geräthschaften in schöner Ordnung angebracht, alles nicht unreinlich gehalten.»[105] Das war im Hause von Jacques-David Rochat in Le Brassus[106], bei dem die Reisenden nach einem andern Bericht Goethes «sogar hübsch gepuzte Misels [Mädchen] zum Besuch angetroffen»[107]. Am nächsten Morgen ging es bei kühler Temperatur weiter, und man sah «von weitem die dent du vaulion, über einem Nebel der auf dem See stand hervorsehen, das Thal wird breiter, wir kamen hinter einen Felsgrat, der uns den See verdekte, durch ein ander Dorf le lieu genannt, die Nebel stiegen und fielen wechselsweise vor der Sonne. Hier nahe bei ist ein kleiner See, der keinen Zu- und Abfluß zu haben scheint. Das Wetter klärte sich völlig auf und wir kamen gegen den Fus der dent de vaulion und trafen hier an's nördliche Ende des großen Sees, der, indem er sich westwärts wendet, in den kleinen, durch einen Damm, unter einer Brüke weg seinen Ausfluß hat. Das Dorf drüben heißt le pont. Die Lage des kleinen Sees ist wie in einem eigenen kleinen Thal, was man niedlich sagen kann. (...) Wir (...) nahmen einen Weegweiser auf la dent. Im Aufsteigen sahen wir nunmehr den großen See völlig hinter uns. Ostwärts ist der noir mont seine Gränze, hinter dem der kahle Gipfel der Dole hervorkommt, westwärts hält ihn der Felsrüken, der gegen den See ganz nakt

Haus von Jacques Rochat in Le Brassus (oben)

Le Brassus. Goethe und seine Begleiter übernachteten am 24. und 25. Oktober 1779 im linken Teil des rechten Doppelhauses (rechts)

Le Pont am Lac de Joux

ist, zusammen. Die Sonne schien heiß, es war zwischen eilf und Mittag. Nach und nach übersahen wir das ganze Thal, konnten in der Ferne den Lac des Rousses erkennen, und weiter her biß zu unsern Füßen, die Gegend durch die wir gekommen waren und den Weeg der uns rükwärts noch überblieb. Im Aufsteigen wurde von der großen Streke Landes und den Herrschaften die man oben unterscheiden könnte, gesprochen und in solchen Gedancken betraten wir den Gipfel, allein uns war ein ander Schauspiel zubereitet. Nur die hohen Gebürgketten waren unter einem klaren und heitern Himmel sichtbar, alle niederen Gegenden mit einem weisen wolkigten Nebelmeer überdekt, das sich von Genf bis nordwärts an den Horizont erstrekte und in der Sonne glänzte. Daraus stieg ostwärts die ganze reine Reihe aller Schnee- und Eißgebürge, ohne Unterschied von Namen der Völker und Fürsten, die sie zu besizen glauben, nur Einem großen Herrn und dem Blik der Sonne unterworffen, der sie schön röthete. Der mont blanc gegen uns über schien der höchste, die Eisgebürge des Wallis und des Oberlandes folgten, zulezt schlossen niedere Berge des Canton Berns. Gegen Abend war an einem Plaze das Nebelmeer unbegränzt, zur linken in der weitsten Ferne zeigten sich sodann die Gebirge von Solothurn, näher die von Neufchatel, gleich vor uns einige niedere Gipfel des Jura, unter uns lagen einige Häuser von Vaulion dahin der Zahn gehört, und daher er den Namen hat. Gegen Abend schließt die franche comté mit flachstreichenden waldigten Bergen den ganzen Horizont, wovon ein einziger ganz in der Ferne gegen nordwest sich unterschied.»[108]
Ergriffen von diesem großartigen Ausblick war auch Carl August. Mit einem köstlichen Vergleich eigener Art schildert er das «weise wolkigte Nebelmeer»: «Ich kan das Schauspiel nicht anders sinnlich geben, als wenn man sich ein 30 Stunden langes Meer von geschlagener Milch vorstellt, es stand unbeweglich, nur lagen große Klumpen, wie Tiegel hie und da darauf. Die Ewig stehende Eisgebirgskette stand das haupt unbedeckt durch nicht den geringsten leisen übergang mit der übrigen Welt verbunden, wie eine neue Welt, in den höchsten Glantze.»[109]

Nach diesem Ausflug, einem der Höhepunkte ihres Schweizer Aufenthalts, kamen die Reisenden zurück nach Le Brassus «und fanden ein Essen, wovon uns die Wirthin versicherte, daß es um Mittag gut gewesen sei, aber auch übergar treflich schmekte.»[110]

Am nächsten Tag beschlossen sie, auch die Dole, den höchsten Gipfel des Waadtländer Jura, zu erklimmen, um abermals eine großartige Fernsicht zu genießen: «Das ganze Païs de vaud und de Gex lag wie eine Fluhrkarte unter uns, alle Besizungen mit grünen Zäunen abgeschnitten, wie die Beete eines Parterrs. Wir waren so hoch, daß die Höhen und Vertiefungen des vordern Landes gar nicht erschienen. Dörfer, Städtgen, Landhäuser, Weinberge und höher herauf, wo Wald und Alpen angehen, Sennhütten, meist weis und hell angestrichen, leuchteten gegen die Sonne; vom See hatte sich der Nebel schon zurüke gezogen, wir sahen den nächsten Theil an unsrer Küste deutlich, den sogenannten kleinen See, wo sich der große verenget und gegen Genf zu geht, dem wir gegen über waren, ganz, und gegen über klärte sich das Land auf, das ihn einschließt. Über alles aber behauptete der Anblik über die Eis- und Schneeberge seine Rechte. (...) Es sind keine Worte für die Größe und Schöne dieses Anbliks, man ist sich im Augenblik selbst kaum bewußt, daß man sieht, man ruft sich nur gern die Namen und alten Gestalten, der bekannten Städte und Orte zurük und freut sich in einer taumelnden Erkenntniß, daß das eben die weisen Punkte sind, die man vor sich hat.

Und immer wieder zog die Reihe der glänzenden Eisgebürge das Aug' und die Seele an sich. Die Sonne wendete sich mehr gegen Abend und erleuchtete ihre größere Flächen gegen uns zu.»[111] Nach dem Sonnenuntergang «gingen wir ungern weg, die Pferde fanden wir in St. Sergues, und daß nichts fehle, stieg der Mond auf und leuchtete uns nach Nion, wo unter Weegs unsere gespannten Sinnen sich wieder lieblich falten konnten, wieder freundlich wurden und mit frischer Lust aus den Fenstern des Wirthshausses den breitschwimmenden Wiederglanz des Monds im ganz reinen See genießen konnten.»[112]

Genf: «interessante Personen und Sachen» – und doch wenig Behagen

Voltaire-Karikaturen von Jean Huber-Voltaire

Ist es verwunderlich, daß Goethe nach derartigen Erlebnissen der Stadt Genf, die man von Nyon aus am 27. Oktober 1779 erreichte, nur wenig abzugewinnen vermochte? Zwar sah er hier «interessante Personen und Sachen»[113] und bedauerte beim Weggehen, ihrer nicht mehr besucht zu haben. Doch im übrigen machte ihm «die Stadt selbst (...) einen fatalen Eindruck»[114], er wollte «um alles (...) nicht noch 8 Tage in dem Loche»[115] bleiben – dem Ort größter Entfernung von der Freundin in Weimar, der er am 13. November vom Gotthard aus schreibt: «Bis Genf gings von Ihnen weg, bisher sind wir in der Queer ziemlich gleichweit weggeblieben, und von Morgen an geht ieder Schritt wieder zurück.»[116]

Vielleicht war ihm und dem Herzog schon ärgerlich, daß vom Stadtregiment, wohl mit Rücksicht auf die moralische Labilität der puritanisch erzogenen Bewohner, bis 1782 kein Theater geduldet wurde, weshalb sich die Weimarer Herren in ein außerhalb Genfs gelegenes

«Es ist wirklich zu toll! Es funkelt alles von Talent und Geist! Einige Blätter sind ganz unübertrefflich!» rief Goethe nach Eckermanns Bericht vom 4.1.1831 aus, als er Blätter des Genfer Zeichners Rodolphe Töpffer zu Gesicht bekam. – Hier eine Töpffersche Entführungsszene mit dem Turm der Lausanner Kathedrale im Hintergrund

Etablissement bequemen mußten und dort erst noch enttäuscht wurden. «Gestern sahen wir nicht weit von hier eine schlechte französische Comödie; in der Stadt wird sie nicht geduldet, also spielt sie auf französischem Grund und Boden. Weil nun die Thore hier präcis geschlossen werden, so fängt das Spektakel nach 2 Uhr an»[117], schreibt Carl August am 28. Oktober 1779 an seinen und Goethes Freund Knebel nach Weimar und scheint die Stadt seinerseits auch nicht gerade ins fürstliche Herz geschlossen zu haben. Denn ein knappes Jahr später läßt er sich gegen Knebel, der unterdes auch eine Schweizer Reise angetreten hat, so vernehmen: «Vielleicht hast du schon Genf erreicht und stehst aux Balances am Eckfenster, siehst die Hosen couleur de merde d'oie von der Rhonebrücke nach den remparts gehen, wieder zurückkehren, die jeden Augenblick infamer aussehen; siehst die grüne Rhone unter ihren vielen Brücken den See verlassen und Frankreich zueilen; siehst die müßigen Jungen und dickbeinigen Bedienten, die gegenüber bei dem Sattler stehen und die Wagen, die sie nicht bezahlen können, ansehen. (...) Unter dir sitzt der dicke Mannheimer Schneider, welchem mein Zweibrücker [vom Herzog auf der Reise mitgeführter Hund] einstmals eine Scheibe einschlug. Der Schneider hat für mich gearbeitet, und wenn du ihn recht ärgern willst, so sprich nichts als Deutsch mit ihm; er wünschte, man hielte ihn für einen Franzosen.»[118]

Bei solchem Mißbehagen in der Rhonestadt, nach der «schlechten französischen Comödie», mutet es wie Ironie an, wenn Goethe das folgende Schauspiel von viel natürlicherer Art – in seinen fiktiven «Briefen aus der Schweiz», im Tagebuch auch «Werthers Reise» genannt – ausgerechnet nach Genf verlegt: «Wir kamen nach Genf. Sollten in dieser großen Stadt, dachte ich, nicht Mädchen sein, die sich für einen gewissen Preis dem Manne überlassen? Und sollte nicht eine darunter schön und willig genug sein, meinen Augen ein Fest zu geben? (...) Reizend war sie, indem sie sich entkleidete, schön, herrlich schön, als das letzte Gewand fiel. Sie stand, wie Minerva vor Paris mochte gestanden haben, bescheiden bestieg sie ihr Lager, unbedeckt versuchte sie in verschiedenen Stellungen sich dem Schlafe zu übergeben, endlich schien sie entschlummert. In der anmutigsten Stellung blieb sie eine Weile, ich konnte nur

Selbstbildnis mit Voltaire von Jean Huber-Voltaire (1721–1786)

staunen und bewundern. Endlich schien ein leidenschaftlicher Traum sie zu beunruhigen, sie seufzte tief, veränderte heftig die Stellung, stammelte den Namen eines Geliebten und schien ihre Arme gegen ihn auszustrecken. Komm! rief sie endlich mit vernehmlicher Stimme, komm, mein Freund, in meine Arme, oder ich schlafe wirklich ein. In dem Augenblick ergriff sie die seidne durchnähte Decke, zog sie über sich her, und ein allerliebstes Gesicht sah unter ihr hervor.»[119] Diese liebliche Szene mit Goethes Genfer Aufenthalt direkt verbinden zu wollen, dürfte allerdings verfehlt sein: «das schönste Bild von einem Weibe»[120], das er hier wie in einem Zauberspiegel dichterischer Wahrheit aufleuchten läßt, ist vielmehr ein Bild der Sehnsucht, wie Faust eines in der Hexenküche erlebt…

Gemälde von handfesterer Art dagegen hat Goethe in Genf vielerlei besichtigt, so auf der «Bibliothèque, wo wir sehr schöne Portrait Gemählde sahen, wie auch eine Samlung von Rembrandischen Ratirungen»[121] (Carl August) – oder auch bei Jean Huber (1721–1786), genannt Huber-Voltaire. Dieser war mit dem Philosophen von Ferney aufs engste vertraut und kannte dessen Gestalt und Physiognomie à fond. Er malte ihn beim Lever, in die Hosen steigend, und er kannte, nach dem amüsanten, vielleicht etwas übertriebenen Bericht von Friedrich v. Matthisson, das Profil des Dichters so gut, daß er «zuletzt im Stande war, dasselbe nicht nur mit auf dem Rücken gehaltenen Händen auszuschneiden, sondern sogar eine Scheibe Brot unter den Zähnen eines Jagdhundes so geschickt zu lenken, daß dieser Voltaires Silhouette nagen mußte.»[122] Der Hundefeind Goethe spricht davon so wenig wie von der fürwahr originellen Technik, in der Huber Voltaires Profil auf den Schnee zu zeichnen pflegte – diese Methode werde «mit mehr Anständigkeit im Stillen errathen als gesagt oder geschrieben», meint Matthisson. Von Huber-Voltaire, den man «in einem leichten Kabriolett mit vier Rädern»[123] besuchen ging, hatte Goethe jedenfalls eine hohe Meinung: er sei ein Mann, «dem Geist, Imagination, Nachahmungsbegierde zu allen Gliedern heraus will, einer der wenigen ganzen Menschen, die wir angetroffen haben.»[124]

Vom Naturforscher Charles Bonnet (1720–1793) dagegen scheint er trotz eigener wissenschaftlicher Interessen nicht allzuviel gehalten zu haben. Es störten ihn an diesem «wackeren, guten Naturhans»[125], wie er ihn im Alter nannte, vermutlich dessen «Redensarten: denn seine Kontemplation der Natur hatte, durch scheinbare Faßlichkeit, die Geister gewonnen, und eine Sprache in Gang gebracht, in der man etwas zu sagen, sich untereinander zu verstehen glaubte. Zu meiner Art mich auszudrücken wollte sich niemand bequemen», berichtet er in der «Geschichte seiner botanischen Studien»[126]. Zudem war Bonnet eben mit grausamen Experimenten an lebenden Molchen beschäftigt, wovon Carl August erzählt[127]: für Goethe, der sich wohl für Anatomie, aber gewiß nicht für das lieblose Zerschneiden eines beseelten Organismus begeistern konnte, vermutlich ein besonderes Ärgernis. Wichtiger als Bonnet ist im Zusammenhang mit Goethe ein junger Maler, der von den Bonnets an Kindes Statt angenommen worden war: der Däne Jens Juel (1745–1802), dem zuerst der Herzog zu einem Porträt saß und dann auch sein Geheimrat. «Juel endigte Göthens Bild, es ist dünckt mir sehr gut gerathen»[128], notiert Carl August.

Herzog Carl August und Goethe. Porträts von Jens Juel (1779)

Wegweisend für den Fortgang der Schweizer Reise war sodann ein Gespräch mit dem Naturforscher Horace Bénédict de Saussure (1740–1799), berühmt geworden durch seine Bestei-

gung des Montblanc (1787) und geehrt als «Historien des Alpes». Goethes Brief von Mitte November an Frau von Stein berichtet darüber: «Hier und da auf der ganzen Reise ward so viel von der Merkwürdigkeit der Savoier Eisgebirgen gesprochen und wie wir nach Genf kamen, hörten wir, daß es immer mehr Mode würde, dieselben zusehen, daß der Herzog eine sonderliche Lust kriegte, seinen Weeg dahin zu nehmen, von Genf aus über Cluse und Salenche in's Thal Chamouni zu gehen, die Wunder zu betrachten, dann über Valorsine und Trient nach Martinach in's Wallis zufallen. Dieser Weeg, den die meisten Reisenden nehmen, schien, wegen der Jahrszeit etwas bedenklich. Der Herr de Saussure wurde deswegen auf seinem Landgute besucht und um Rath gefragt. Er versicherte, daß man ohne Bedenken den Weeg machen könnte, es liege auf den mittlern Bergen noch kein Schnee und wenn wir in der Folge auf's Wetter und auf den guten Rath der Landleute achten wollten, der niemals fehl schlüge, so könnten wir mit aller Sicherheit diese Reise unternehmen.»[129] Sie fand in dieser Form denn auch statt.
Zur Überquerung der Furka hatte de Saussure den zwei Herren dagegen nicht geraten: dieser ihr «eigentlicher Feldzug gegen alle Elemente»[130] war weit mehr als das damals Übliche – er war die kühne Tat zweier elementarischer Naturen.

Denkmal für Horace-Bénédict de Saussure, Zweitbesteiger des Mont Blanc, in Chamonix. Links Jacques Balmat, der Erstbezwinger

Aus freundlicher Landschaft in eisige Höhen: der Marsch auf die Furka

Eingang zur Höhle von Balme

Trotz der fortgeschrittenen Jahreszeit war am 3. November 1779 «die Luft (...) so warm, wie Anfangs September und die Gegend sehr schön, noch viele Bäume grün, die meisten braungelb, wenige ganz kahl, die Saat hochgrün, die Berge im Abendroth rosenfarb bis in's violette und diese Farben auf großen, schönen, gefälligen Formen der Landschaft. Wir schwazten viel Gutes.»[131] Das war im Arvetal, in dem sich die Reisegesellschaft, immer noch im «Cabriolet», in Richtung Cluse-Sallanches bewegte, indes Wedel mit den Pferden über Lausanne direkt ins Wallis ritt. Zwischen Cluse und Sallanche liegt Balme mit seiner Höhle, «von der der Ort seinen Ruhm hat.»[132] Man kletterte empor bis zu ihrem Eingang über dem Tal und Dorf, und «wir zündeten Lichter an und luden eine Pistole, die wir losschießen wollten. Die Höle ist ein langer Gang, meist ebnes Bodens, auf einer Schicht, bald zu ein, bald zu zwei Menschen breit, bald über Mannshöhe, dann wieder zum büken und auch zum durchkriechen. Gegen die Mitte steigt eine Kluft aufwärts und bildet einen spizigen Dohm. In einer Eke schiebt eine Kluft abwärts, wo wir immer gelassen siebzehn bis neunzehn gezählt haben, eh' ein Stein, mit verschiedentlich wiederschallenden Sprüngen, endlich in die Tiefe kam. An den Wänden sintert ein Tropfstein, doch ist sie an den wenigsten Orten feucht, und bilden sich lange nicht die reichen, wunderbaren Figuren, wie in der Baumannshöle. Wir drangen so weit vor, als es die Wasser zuliesen, schossen im Herausgehn die Pistole los, davon die Höle von einem starken dumpfen Klang erschüttert wurde und um uns wie eine Gloke summte. Wir brauchten eine starke viertel Stunde wieder heraus zu gehen, machten uns die Felsen wieder hinunter, fanden unsern Wagen und fuhren weiter.»[133] In Sallanches angekommen, war man «nicht hungrig gnug, das Mitagessen, das aus einem aufgewärmten Fisch, Kuhfleisch und hartem Brod bestehet, gut zu finden»[134]. Die Reisekutsche wurde, da sich der Weg verengte, nach Genf zurückgeschickt, und ein Maultier trug nun des Herzogs, Goethes und ihrer Begleiter Gepäck. Am 4. November machte man sich von Sallanches auf, und schon «sahen wir die Schneegebürge (...) vor uns, das Thal fing an zu stoken, die Arve schoß aus einer Felskluft hervor, wir mußten einen Berg hinan und wanden uns, die Schneegebürge rechts vor uns, immer höher. Abwechselnde Berge, alte Fichtenwälder zeigten sich uns rechts, theils in der Tiefe, theils uns gleich. Links über uns waren die Gipfel des Bergs kahl und spizig. Wir fühlten daß wir einem stärkern und mächtigern Saz von Bergen immer näher rükten. Wir kamen über ein breites troknes Bett von Kieseln und Steinen, das die Wasserfluthen die Länge des Bergs hinab zerreißen und wieder füllen. (...) Es wurde dunkler, wir kamen dem Thale Chamouni näher und endlich darein. Nur die großen Massen waren uns sichtbar, die Sterne gingen nach einander auf und wir bemerkten über den Gipfeln der Berge, rechts vor uns, ein Licht, das wir nicht erklären konnten, hell, ohne Glanz wie die Milchstraße, doch dichter, fast wie die Pleiaden, nur größer, unterhielte es lang unsre Aufmerk-

Vorder-, Mittel- und hohe Alpen in G. K. Ch. Storrs «Alpenreise» (1784)

samkeit, biß es endlich, da wir unsern Standpunkt änderten, wie eine Piramiede, von einem innern, geheimnißvollen Lichte durchzogen, das dem Schein eines Johanniswurms am besten verglichen werden kann, über den Gipfeln aller Berge hervorragte und uns gewiß machte, daß es der Gipfel des mont blanc's war. Es war die Schönheit dieses Anbliks ganz auserordentlich, denn, da er mit den Sternen, die um ihn herumstunden, zwar nicht in gleich raschem Licht, doch in einer breitern zusammenhängendern Masse leuchtete, so schien er den Augen zu iener höhern Sphäre zu gehören und man hatte Müh', in Gedanken seine Wurzeln wieder an die Erde zu befestigen. Vor ihm sahen wir eine Reihe von Schneegebürgen, dämmernder auf den Rüken von schwarzen Fichtenbergen liegen und wir sahen ungeheure Gletscher zwischen den schwarzen Wäldern herunter in's Thal steigen.»[135] Den Blick in die Welt der «Savoiischen Eisgebürgen» tat Goethe für die Freundin am 5. November und beschrieb ihr, «erfrischt durch einige Gläser guten Wein»[136], das «Thal Chamouni» und das berühmte Eismeer: «Ich würde es, um die Baken nicht so voll zu nehmen, eigentlich das Eisthal oder den Eisstrom nennen. Denn die ungeheuren Massen von Eis, dringen aus einem tiefen Thal, von oben anzusehn, in ziemlicher Ebne hervor. Grad hinten endigt ein spizer Berg, wo von beiden Seiten Eisflüsse sich in den Hauptstrohm ergießen. Es lag noch nicht der mindeste Schnee auf der zakigten Fläche und die blauen Spalten glänzten gar schön hervor. (...) Es ist ein ganz treflicher Anblik, wenn man, auf dem Eise selbst stehend, denen oberwärts sich herabdrängenden und durch seltsame Spalten geschiedenen Massen entgegen sieht, doch wollt' es uns nicht länger auf diesem schlüpfrigen Boden gefallen, wir waren weder mit Fuseisen, noch mit beschlagenen Schuhen gerüstet, vielmehr waren unsere Absäze durch den langen Marsch abgerundet und geglättet. (...)»[137] Man begegnete noch zwei «Blondins (...): Kinder von zwölf bis vierzehn Jahren, die sehr weise Haut, weise, doch schroffe Haare, rothe und bewegliche Augen wie die Kaninchen haben»[138], wie denn damalige Reisende überhaupt immer wieder Mißbildungen bei der Bevölkerung notieren. Erfreulicher ist der junge zahme «Steinbok (...), der sich unter den Ziegen ausnimmt, wie der natürliche Sohn von einem großen Herrn, dessen Erziehung in der Stille einer bürgerlichen Famielie aufgetragen ist»[139] – ein Genrebild, das im Herzogtum Weimar damals so gut wie anderswo anzutreffen war. Der Weg von Chamonix ins Wallis führte «das Thal hinauf, den Ausguß des Eisthals vorbei, ferner den glacier d'argentière hin, der höchste von allen, dessen oberster Gipfel uns aber von Wolken bedekt war. In der Gegend wurde Rath gehalten, ob wir den Stieg über den col de balme unternehmen und den Weeg über Valorsine verlassen wollten.»[140] Man wählte die Route über den Col de Balme, und nach langem Marsch lag vor den Wanderern «das Wallisthal, wo man mit einem Blik bis Martinach sehen konnte. Von allen Seiten von Gebürgen umschlossen, die sich weiter gegen den Horizont immer zu vermehren und aufzuthürmen schienen, so standen wir auf der Gränze von Savoiien und Wallis. Einige Contrebandiers kamen mit Mauleseln den Berg herauf und erschraken vor uns, da sie an dem Plaz iezo niemand vermutheten. Sie thaten einen Schuß, als ob sie sagen wollten: ‹damit ihr seht daß sie geladen sind› – und es ging einer voraus um uns zu recognosciren. Da er unsern Führer erkannte und unsre harmlose Figuren sah, rükten die andre auch näher und wir zogen, mit wechselseitigen Glükwünschen von ein ander vorbei.»[141] Gegen sechs Uhr langte man in Martigny an, «wo wir uns zu weitern Unternehmungen ausruhen wollen.»[142]

Zwei Wochen zuvor hatte sich Goethe, am Ufer des Genfersees bei Vevey, «der Thränen nicht enthalten»[143] können, als er aufs gegenüberliegende Ufer blickte, das ihm aus einem 1761 erschienenen berühmten Briefroman bekannt war. Und auch jetzt, da sich das Wallis vor ihm öffnete, mußte er wohl an jenes Buch denken, in dem es heißt: «Eine erstaunliche Vermischung von wilder und bebauter Natur zeigte überall der Menschen Hand, wohin man nicht geglaubt hätte, daß sie jemals gedrungen wäre; auf der Seite einer Höhle fand man Häuser; wo man nichts als Brombeeren gesucht hätte, da sah man dürre Weinreben, auf abgerutschtem Erdboden Weinberge, auf den Felsen die trefflichsten Früchte und in Abgründen Felder. Nicht nur der Menschen Arbeit hatte diese seltsamen Gegenden so wunderbar gegeneinander abstechend gemacht; auch die Natur schien sich daran zu vergnügen, im Widerspruch mit sich selbst zu handeln; so verschieden fand man sie an demselben Ort unter verschiednen Aussichten; gegen Morgen des Frühlings Blumen, gegen Mittag des Herbstes Früchte, gegen Norden des Winters Eis; alle Jahreszeiten vereinigte sie im selben Augenblick, alle Landesarten an einem Ort, entgegengesetzte Erdstriche auf einem Boden und brachte der Ebenen und Berge Früchte in eine sonst überall unbekannte Übereinstimmung.»[144]

Dies sind Sätze aus der «Nouvelle Héloïse» von Rousseau, auf dessen Spuren Goethe nunmehr wanderte: der «promeneur solitaire» war 1744 im Ober-, 1754 im Unterwallis gewesen und hatte Natur und Charakter dieses widersprüchlichen Tals mit eigenen Augen kennengelernt.

Von Martigny aus, wo man in einem Wirtshaus «untergekrochen»[145] war und sich Goethe an jenem Herbstabend des 6. November besonders wohlfühlte, ging die Reise zunächst rhoneabwärts nach St. Maurice und vorher noch an den Pissevache-Fall, «der seinen Ruhm vor vielen andern verdient. In ziemlicher Höhe schießt aus einer engen Felskluft ein starker Bach flammend herunter in ein Becken, wo er in Staub und Schaum sich weit und breit im Wind herumtreibt. Die Sonne trat hervor und machte den Anblick doppelt lebendig. Unten im Wasserstaube hat man einen Regenbogen hin und wieder, wie man geht, ganz nahe vor sich. Tritt man weiter hinauf, so sieht man noch eine schönere Erscheinung. Die luftigen schäumenden Wellen des obern Strahls, wenn sie gischend und flüchtig die Linien berühren, wo in unsern Augen der Regenbogen entstehet, färben sich flammend, ohne daß die aneinanderhängende Gestalt eines Bogens erschiene; und so ist an dem Platze immer eine wechselnde feurige Bewegung.»[146] Eine Stelle, die an jene berühmten Verse in «Faust II» denken läßt, wo es heißt:

Pissevache-Wasserfall bei Miéville im Rhonetal

«Der Wassersturz, das Felsenriff durchbrausend,
Ihn schau ich an mit wachsendem Entzücken.
Von Sturz zu Sturzen wälzt er jetzt in tausend,
Dann abertausend Strömen sich ergießend,
Hoch in die Lüfte Schaum an Schäume sausend.
Allein wie herrlich, diesem Sturm ersprießend,
Wölbt sich des bunten Bogens Wechseldauer,
Bald rein gezeichnet, bald in Luft zerfließend,
Umher verbreitend duftig-kühlen Schauer!
Der spiegelt ab das menschliche Bestreben.
Ihm sinne nach, und du begreifst genauer:
Am farbigen Abglanz haben wir das Leben.»[147]

Von St. Maurice aus stieg der Herzog «mit Göthen nach einer Kirche, welche über 200 Fuß hoch im Felßen steht, u. groß ist, nebst einer Einsiedeley (...), auf Treppen in Marmorfels gehauen, nebst einer Brustlehne»[148], und nach dieser Exkursion zur Notre-Dame du Scex ging der Weg wieder rhoneaufwärts nach Martigny und von dort nach Sitten: «Die Einwohner, denen jedes Fleckchen Erdreich kostbar ist, pflanzen ihre Weinstöcke gleich an ihre Mauern, die ihre Güter von dem Wege scheiden; sie wachsen zu außerordentlicher Dicke und werden vermittelst Pfählen und Latten über den Weg gezogen, so daß er fast eine aneinanderhangende Laube bildet. In dem untern Teil war meistens Wiesewachs, doch fanden wir auch, da wir uns Sion näherten, einigen Feldbau. Gegen diese Stadt zu wird die Gegend durch wechselnde Hügel außerordentlich mannigfaltig, und man wünschte eine längere Zeit des Aufenthalts genießen zu können. Doch unterbricht die Häßlichkeit der Städte und der Menschen die angenehmen Empfindungen, welche die Landschaft erregt, gar sehr. Die scheußlichen Kröpfe haben mich ganz und gar üblen Humors gemacht. Unsern Pferden dürfen wir wohl heute nichts mehr zumuten, und denken deswegen zu Fuße nach Sierre zu gehen. Hier in Sion ist das Wirtshaus abscheulich, und die Stadt hat ein widriges, schwarzes Ansehn»[149]. Schwarz und widrig war – vielleicht wegen der Flöhe in den Betten, die ein anderer Reisender aus der Zeit beschreibt[150] – auch die Stimmung: «Hier im Gasthof zu Sion brach auf einmahl über eine kleine discrepantz, Wedels unleidlich krancker Humor auß, wurde aber ziemlich zurückgeschlagen, u. gethan was

Auf dem Weg nach Leuk

man wolte; von ihm keine Notiz genommen; er sich sehr prostituirt. Zu Fuß bis Seiders, od. Siers. 3 St. bey schöner Sternhelle. Mit Göthen recht hübsch Geschwätz. Schöne Sinnen; viel an meiner Seite Schmertzen gelitten. Willige Wirthsleute, sonst schlecht. NB. Unsere Pferde, die wir in Bex antrafen, waren mit Wedeln über Lausanne, Vevay, Villeneuve u. Aigle gegangen»[151] notiert der Herzog und läßt Wedel «in Seyders, weil in Leuck die Pferde kein Futter haben. Mir war es recht, daß er seine unvernünftige Krankheit im Gasthof ausschwitzen konte, ohne daß wir etwas davon merkten.»[152] In Leukerbad angekommen, saß man am Abend des 9. November, wie Goethe erzählt, «in einem kleinen bretternen Haus, wo wir von sehr braven Leuten gar freundlich aufgenommen worden»[153], und der Herzog führt aus, sie seien bei «einen sehr braven, äuserst honet dienstfertigen Manne (...) mit Nahmen Braun. Die Frau ist seit gestern in Wochen. Wir in einen kleinen ausgetäfelten Stübchen, kaum 6 Schu hoch, ein, bis 22 Schu lang, u. kaum 11 breit, ein niedrig Fensterchen, welches gar hübsche Erleuchtung gab. Wir gingen biß an den Fuß des Gemmi Bergs, wo der Weg auß den Canton Bern herüber komt; wir stiegen von unsern Hauß ¾ St. biß an den Fuß des Bergs. Der Weg geht unglaublich durch Felsen, macht keinen Anschuß. Hat 2 od. 3 Quellen. Ohne Geruch. Wir wolten baden, ward aber nichts daraus»[154].

Nun war, wie wiederum Carl August am 10. November notiert. «unser Project (...) nach Sausures Rath, über den Sinplon nach Domo d'ossola, Margozzo auf den Lago Magiore, nach den Boromeischen Inseln, u. von da über Airolo über den St. Gotthardt nach Lucern, mit unsern Pferden. Weil über die Furca unsere Pferde nicht können. Wedel aber machte uns mit Recht bemercken, wie wir in Leuck zusammen kamen, daß wegen Mangel des Futters, Stallung u. des gefährlichen Weges, wir mit unsern Pferden nicht fort kämen. Ward also folgendes resolvirt, u. außgeführt. Wedel ging, über Sion, Martinach, Bex, Vevay, Bern, nach Lucern; wir zu Fuß u. auf Maulthier über die Furca, Gotthardt, nach Lucern.»[155] Was der Herzog hier sozusagen beiläufig niederschreibt, war für ihn und für Goethe in Wirklichkeit ein sportliches Abenteuer, das ihre Kräfte bis zum Äußersten forderte. Vor allem im November war der Weg «über die Furca, Gotthardt, nach Lucern» eine nicht ungefährliche Passage, zumal die Herren nicht gerade über das beste Schuhwerk verfügten. «Am Himmel sieht es bunt aus», schreibt Goethe beim Aufbruch von Leuk in Richtung Brig, «doch ich denke, das gute Glück, das uns bisher begleitet und uns so weit gelockt hat, soll uns auf dem Platze nicht verlassen, wo wir es am nötigsten brauchen.»[156] «Hinter uns, so weit wir ins Wallistal hineinsehen konnten, lag es mit dicken Schneewolken bedeckt, die das Land hinauf gezogen kamen. Es war wirklich ein trüber Anblick, und ich befürchtete in der Stille, daß, ob es gleich so hell vor uns aufwärts war als wie im Lande Gosen, uns doch die Wolken bald einholen, und wir vielleicht im Grunde des Wallis an beiden Seiten von Bergen eingeschlossen, von Wolken zugedeckt und in einer Nacht eingeschneit sein könnten. So flüsterte die Sorge, die sich meistenteils des einen Ohrs bemeistert.»[157] In Münster fand man tags darauf ein Mittags- und Nachtquartier und erlebte «was Angenehmes.»[158] Denn die Wirtin «fragte uns einmal als sie in die Stube trat, ob wir auch die Geschichte des heiligen Alexis gelesen hätten?»[159] Nachdem die Gäste verneinten, erzählte ihnen die Frau die Legende vom Heiligen, der nach langer Wanderschaft während Jahren unerkannt als Bettler bei Eltern und Gattin lebte und erst nach seinem Tode von ihnen als ihr Sohn und

Ziegenhirten im Oberwallis

Ehemann entdeckt wurde: «Da hätte man nun erst den übergroßen Jammer der Eltern und der Gemahlin sehen sollen, die ihren teuren Sohn und Gatten so nahe bei sich gehabt und ihm nichts zugute tun können, und nunmehr erst erfuhren wie übel er behandelt worden. Sie fielen über den Körper her, klagten so wehmütig, daß niemand von allen Umstehenden sich des Weinens enthalten konnte. Auch waren unter der Menge Volks, die sich nach und nach zudrängte, viele Kranke die zu dem heiligen Körper gelassen und durch dessen Berührung gesund wurden. Die Erzählerin versicherte nochmals, indem sie ihre Augen trocknete, daß sie keine erbärmlichere Geschichte niemals gehört habe; und mir kam selbst ein so großes Verlangen zu weinen an, daß ich große Mühe hatte es zu verbergen und zu unterdrücken.»[160] Am nächsten Tag, dem 12. November, «gingen wir von Münster weg und sahen das beschneite Amphitheater der hohen Gebirge vor uns zugeschlossen, hielten den Berg, der hinten quer vorsteht, für die Furka; allein wir irrten uns, wie wir nachmals erfuhren; sie war durch Berge, die uns links lagen, und durch hohe Wolken bedeckt. Der Morgenwind blies stark und schlug sich mit einigen Schneewolken herum, und jagte abwechselnd leichte Gestöber an den Bergen und durch das Tal. Desto stärker trieben aber die Windweben an dem Boden hin und machten uns etlichemal den Weg verfehlen, ob wir gleich, auf beiden Seiten von Bergen eingeschlossen, Oberwald am Ende doch finden mußten. Nach neune trafen wir daselbst an und sprachen in einem Wirtshaus ein, wo sich die Leute nicht wenig wunderten, solche Gestalten in dieser Jahrszeit erscheinen zu sehen. Wir fragten, ob der Weg über die Furka noch gangbar wäre? Sie antworteten, daß ihre Leute den größten Teil des Winters drüber gingen; ob wir aber hinüber kommen würden, das wüßten sie nicht. Wir schickten sogleich nach solchen Führern; es kam ein untersetzter starker Mann, dessen Gestalt ein gutes Zutrauen gab, dem wir unsern Antrag taten: Wenn er den Weg für uns noch praktikabel hielte, so sollt' er's sagen, noch einen oder mehr Kameraden zu sich nehmen und mit uns kommen. Nach einigem Bedenken sagte er's zu, ging weg, um sich fertig zu machen und den andern mitzubringen.»[161] Zu fünft [Carl August, Goethe, Jäger Hermann und die zwei Führer und Gepäckträger] brach man auf, und bald sah man den Rhonegletscher. «Er ist der ungeheuerste, den wir so ganz übersehen haben. Er nimmt den Sattel eines Berges in sehr großer Breite ein, steigt ununterbrochen herunter bis wo unten im Tal die Rhone aus ihm herausfließt (...) Obgleich alles voll Schnee lag, so waren doch die schroffen Eisklippen, wo der Wind so leicht keinen Schnee haften läßt, mit ihren vitriolblauen Spalten sichtbar, und man konnte deutlich sehen, wo der Gletscher aufhört und der beschneite Felsen anhebt. Wir gingen ganz nahe daran hin, er lag uns linker Hand. (...) Die Tiefen, aus denen man herkommt, liegen grau und endlos in Nebel hinter einem. Die Wolken wechseln über die blasse Sonne, breitflockiger Schnee stiebt in der Tiefe und zieht über alles einen ewig beweglichen Flor. Ich bin überzeugt, daß einer, über den auf diesem Weg seine Einbildungskraft nur einigermaßen Herr würde, hier ohne anscheinende Gefahr vor Angst und Furcht vergehen müßte. Eigentlich ist auch hier keine Gefahr des Sturzes, sondern nur die Lawinen, wenn der Schnee stärker wird als er jetzt ist, und durch seine Last zu rollen anfängt, sind gefährlich. (...) Nach viertehalb Stunden Marsch kamen wir auf dem Sattel der Furka an, beim Kreuz wo sich Wallis und Uri scheiden. Auch hier ward uns der doppelte Gipfel der Furka, woher sie ihren Namen hat, nicht sichtbar. Wir hofften nunmehr einen bequemen Hinabstieg,

Rhonegletscher. Gemälde von Johann Heinrich Wüest (1741–1821)

allein unsere Führer verkündigten uns einen noch tiefern Schnee, den wir auch bald fanden. Unser Zug ging wie vorher hintereinander fort, und der vorderste, der die Bahn brach, saß oft bis über den Gürtel darin. Die Geschicklichkeit der Leute, und die Leichtigkeit womit sie die Sache traktierten, erhielt auch unsern guten Mut; und ich muß sagen, daß ich für meine Person so glücklich gewesen bin, den Weg ohne große Mühseligkeit zu überstehen, ob ich gleich damit nicht sagen will, daß es ein Spaziergang sei.»[162] Gleich einem gewaltigen Urvogel «kam ein

Lämmergeier mit unglaublicher Schnelle über uns hergeflogen; er war das einzige Lebende was wir in diesen Wüsten antrafen, und in der Ferne sahen wir die Berge des Urserntals im Sonnenschein. Unsere Führer wollten in einer verlassenen, steinernen und zugeschneiten Hirtenhütte einkehren und etwas essen, allein wir trieben sie fort um in der Kälte nicht stillezustehen. (...) Wir gingen schärfer und, nach viertehalb Stunden Wegs vom Kreuz an, sahen wir die zerstreuten Dächer von Realp. Wir hatten unsere Führer schon verschiedentlich gefragt, was für ein Wirtshaus und besonders was für Wein wir in Realp wir zu erwarten hätten.
Die Hoffnung, die sie uns gaben, war nicht sonderlich, doch versicherten sie, daß die Kapuziner daselbst, die zwar nicht, wie die auf dem Gotthard, ein Hospitium hätten, dennoch manchmal Fremde aufzunehmen hätten. Bei diesen würden wir einen guten roten Wein und besseres Essen als im Wirtshaus finden.»[163] Es empfing sie denn auch «ein großer ansehnlicher Pater», hieß sie «mit großer Freundlichkeit eintreten» – und das Wohlbehagen über die geheizte Stube der Patres war gewiß nicht geringer als die Lust auf das Gericht aus «Eiern, Milch und Mehl»[164], das ihnen der Küchen-Frater zubereitete.

Goethes Reisekoffer

Dritter Teil: Vom Gotthard zum Rheinfall

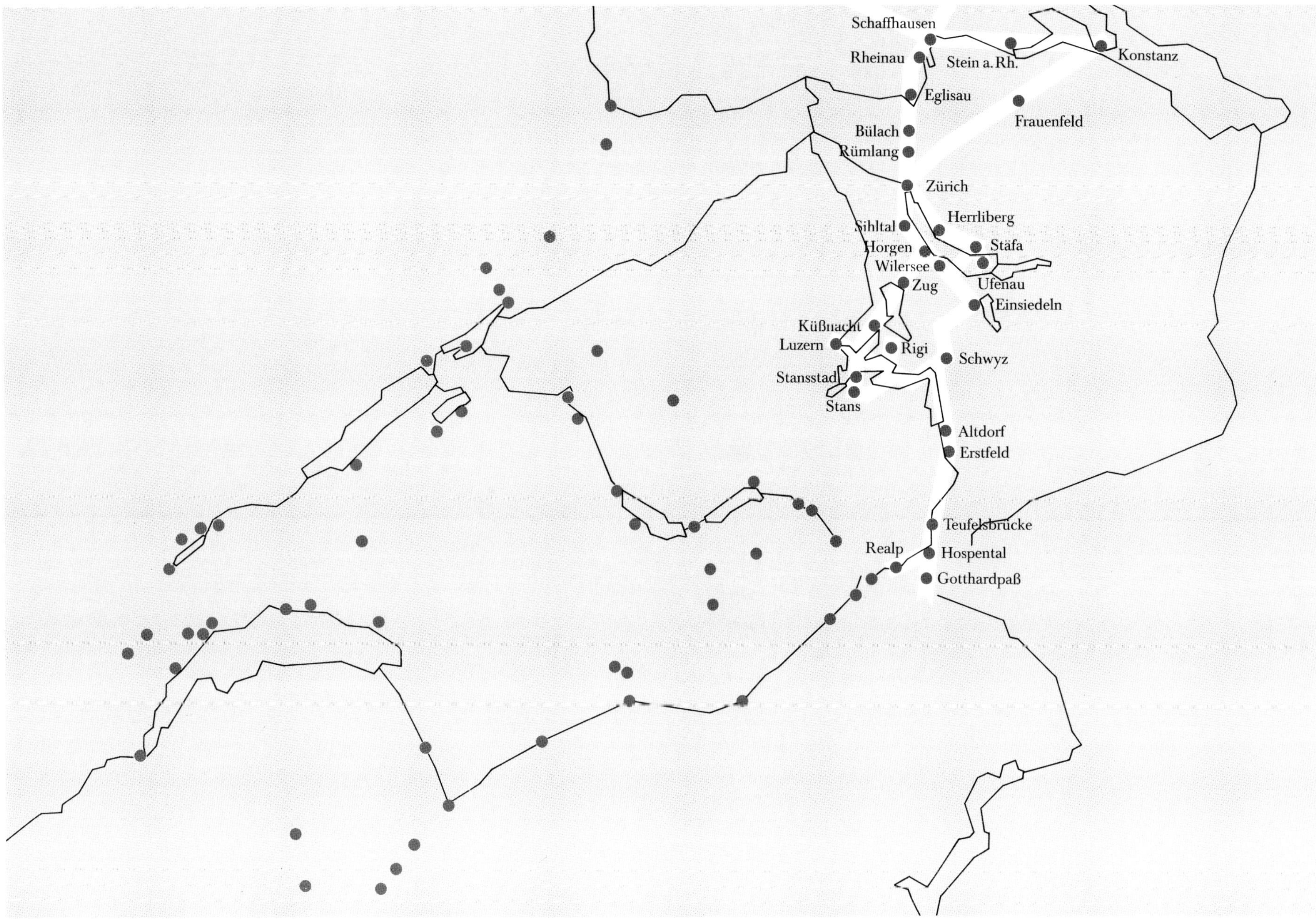

Gotthard-Paßhöhe

«Hier oben ist alles Schnee. Seit gestern früh 11 Uhr haben wir keinen Baum gesehen. Es ist grimmig kalt, Himmel und Wolcken Rein wie Saphir und Crystall.»

Im Urserental ob Hospenthal

«Der mäßig schäumende Fluß schlängelte sich hier milde durch ein flaches, von Bergen zwar umschlossenes, aber doch genugsam weites, zur Bewohnung einladendes Tal.»

Saumweg am Gotthard

«Ein großer Zug von Mauleseln machte mit seinen Glocken die ganze Gegend lebendig. Es ist ein Ton, der alle Bergerinnerungen rege macht. Der größte Teil war schon vor uns aufgestiegen, und hatte den glatten Weg mit den scharfen Eisen schon ziemlich aufgehauen.»

«Jeder Weg ins unbekannte Gebirge bestätigte die alte Erfahrung, daß das Höchste und das Tiefste Granit sei, daß diese Steinart (...) die Grundveste unserer Erde sei ...»

Die Teufelsbrücke

«Rechts ungeheure Wand, Sturz des Wassers. Steig, Sonne, Nebel, starker Stieg, Wandsteile der ungeheuern Felsen, Enge der Schlucht. Drei große Raben kamen geflogen.»

Der Turm von Hospenthal

«Hospenthal mit seinem alten Turme, völlig wie vor alters ...»

Im Reußtal

Goethes Zug durchs Wallis, über die Furka und auf den St. Gotthard «war auch ein eigentlicher Feldzug gegen alle Elemente, die sich ihnen entgegenstellten».

Türschloß im «Schwarzen Löwen» in Altdorf

«Artige Türschlösser, die man von außen aufstößt und von innen aufzieht.»

Schild des «Schwarzen Löwen» in Altdorf

«Der Ort selbst mit seinen Umgebungen erscheint im Gegensatz von Schwyz; er ist schon stadtmäßiger, und alle Gärten sind mit Mauern umgeben. Ein italienisches Wesen scheint durch, auch in der Bauart.»

Vierwaldstättersee, von Brunnen aus

«Wir kamen nach Brunnen und an den See in einem schönen Moment; wir schifften uns ein (...) Angenehmer Anblick der Nutzbarkeit zwischen dem Rauhsten; die Seelinie macht das Ganze so ruhig. Schwanken der Bergbilder im See.»

Die Hohle Gasse bei Küßnacht

« (...) besucht' ich die kleinen Kantone und ersann (...) einen Tell unmittelbar in der Gegenwart der klassischen Örtlichkeiten.»

Schreibgerät in Goethes Weimarer Arbeitszimmer mit Darstellung der Tellskapelle.

Der Schnitzturm in Stansstad

«Südwärts sieht man nun den berühmten Wartturm von Stansstad, den kleinen Ort auf seiner Fläche, umgeben von den mannigfaltigsten Gebirgen und Vorgebirgen, hinter denen südwärts der Pilatus hervorsieht.»

Winkelriedbrunnen auf dem Dorfplatz von Stans

«Wir traten im Gasthof zur Krone ein, welcher der Kirche gegenüber auf einem hübschen Platze liegt. In der Mitte steht ein Brunnen, auf den der alte Winkelried mit den Speeren im Arm gestellt ist.»

Gaststube des «Engel» in Küßnacht

«Küßnacht. Gasthof zum Engel. Nach Tische gingen wir ab und fanden einen sanften, in die Höhe steigenden, angenehmen Weg …»

Gasthof «Zum Engel» in Küßnacht

RESTAURANT
Italien
Gotthard
Schwyz

Blick aus dem «Ochsen» in Zug auf Kolinplatz und Zytturm

«Man kommt nach Zug. Eingekehrt im Ochsen Der Ort ist reinlich und alt, aber gut gebauet (...) Schöne gemalte Scheiben im Wirtshaus.»

Dorfplatz mit Rathaus in Schwyz

«Nach kurzer Rast, frisch und mit mutwilliger Behendigkeit, sprangen wir den von Klippe zu Klippe, von Platte zu Platte in die Tiefe stürzenden Fußpfad hinab, und gelangten um zehn Uhr nach Schwyz. Wir waren zugleich müde und munter geworden, hinfällig und aufgeregt; wir löschten gähling unsern heftigen Durst und fühlten uns noch mehr begeistert.»

Kapellbrücke und Jesuitenkirche in Luzern

«... und fuhren vollends den See hinab bis Luzern. Hier sahen wir das Kunststück des Generals Pfeifer. Es ist dieses der sonderbarste Gedanke, wunderbarste Unternehmung und größtes Meisterwerk eines Ingenieurs; es ist nemlich das Modell des Vierwaldstedter Sees ...»

Wallfahrtskapelle Maria zum Schnee auf Rigi-Klösterli

«Sontags früh gezeichnet die Capellen vom Ochsen aus. um zwölf nach dem kalten Bad oder 3 schwestern Brunn dann die Höhe 1/4 3 Uhr in Wolcken und Nebel rings die Herlichkeit der Welt.»

Einsiedeln

«Nun sahen wir in einem öden baumlosen Tale die prächtige Kirche hervorsteigen, das Kloster, von weitem ansehnlichem Umfang in der Mitte von reinlicher Ansiedelung, um so eine große und mannigfaltige Anzahl von Gästen einigermaßen schicklich aufzunehmen.»

Am Wilersee zwischen Hütten und Menzingen

«Auf der Höhe Fruchtbau (...) Weiterhin wird der Boden sumpfig; man findet keine Häuser mehr. Der Fahrweg ist abscheulich. Saures Gras und niedres Röhrich wird zum Streuen gehauen.»

Im Festsaal der «Schipf» bei Herrliberg am Zürichsee

«Goethe habe … auf einem Besuche in der Schipf … diesen Saal, in dessen Hintergrunde er eine Orgel erblickte, mit den lustigen Worten: ‹Hier muß man tanzen!› betreten und dann den ganzen großen Raum im Tanzschritte durchmessen.»

Landgut «Schipf» in Herrliberg am Zürichsee

«Fuhren wir gegen 8 Uhr ab. Der Tag war heiter. Wir kehrten bei Herrn Escher auf seinem Gute bei Herrliberg zu Mittage ein und kamen abends nach Stäfa.»

Kirche St. Peter und Paul auf der Insel Ufenau (Zürichsee), Sterbeort Ulrichs von Hutten

«Hafis auch und Ulrich Hutten / Mußten ganz bestimmt sich rüsten / Gegen braun und blaue Kutten, / Meine gehn wie andre Christen.»

Insel Ufenau im Zürichsee

«Abends fuhren wir auf die Ufenau und kamen mit einbrechender Nacht zurück.»

Die «Alte Krone» in Stäfa,

Wohnhaus von Heinrich Meyer, bei dem Goethe 1797 zu Gast war. «Beschreibung der Aussicht vom Balkon meines Zimmers (...) Die Fläche des Sees und das jenseitige Ufer, heitere Ortschaften daran hingezogen und bis an die steilern Höhen die Abhänge soviel als möglich genutzt. Wenn man mit dem Perspektiv die Flächen durchläuft, so ist es eine unendliche Welt, die man übersieht.»

Im Sihltal

«Entfernt von aller Wohnung, ja von allem betretenen Fußpfad, fanden sie [die Brüder Stolberg] es hier ganz unverfänglich, die Kleider abzuwerfen und sich kühnlich den schäumenden Stromwellen entgegen zu setzen (...)». Sie «mußten aus dem oberen stummen Gebüsch herab Steinwurf auf Steinwurf erfahren, ungewiß ob von wenigen oder mehrern, ob zufällig oder absichtlich, und sie fanden daher für das Klügste, das erquickende Element zu verlassen und ihre Kleider zu suchen.»

Detail vom Turmofen im Zunfthaus «zur Saffran» in Zürich

«Es ist was Schönes und Erbauliches um die Sinnbilder und Sittensprüche, die man hier auf den Öfen antrifft.»

Salomon Geßners Haus an der Münstergasse in Zürich

«Unsere Bekantschaften hier sind wirckl. eingeschränckt; außer einigen Leuten, die Cabinetter von Gemählden, od. Naturalien besitzen, sonst haben wir niemanden kennen lernen als Bodmern, den Salomon Geßner, welchen ich ein paar male gesehn habe, u. den D. Hirtzel ...»

Blick aus dem Geßnerhaus auf (von links) Groß-münster, Fraumünster und St. Peter über der Zürcher Altstadt

«Wir sind schon eine Weile in Zürch und haben ein gutes Leben mit Lavatern, sehen alle Cabinets, Zeichnungen und Kupfer, Menschen und Thiere.»

Lavater-Bibliothek in Bäbe Schultheß' «Neuhaus» in Zürich

Lavater «war weder Denker noch Dichter, ja nicht einmal Redner im eigentlichen Sinne. Keineswegs im Stande etwas methodisch anzufassen, griff er das einzelne einzeln sicher auf, und so stellte er es auch kühn nebeneinander.»

Morgenstimmung in Zürich,

vom ehemaligen Hotel «Schwert» aus. «Wohnen in einem allerschönsten Wirthshause das an der Brücke steht die die Stadt zusammen hängt, eine liebliche Aussicht auf den Fluß, See, und Gebürge pp.»

Der «Goldene Kopf» in Bülach

«Von Bülach, wo es kühl und anmutig gewesen, um halb zwei ab. Die Flachs- und Hanfbrechen sind hier wieder anders als in Schwaben und bei uns.»

Schild des «Goldenen Kopf» in Bülach

«Bülach um elf Uhr. Glasfenster. (...) Eine Scheibe mit dem doppelten Wappen der Stadt Schaffhausen, über dem der kaiserliche Adler in einem Schilde steht, ist fürtrefflich gemacht, und an der Krone ist der herrlichsten Zieraten kein Ende.»

Gasthof «Zum goldenen Kreuz» in Frauenfeld wo Goethe und seine Begleiter am 3. Dezember 1779 auf dem Weg von Winterthur nach Konstanz zu Mittag aßen.

Restaurant

Kloster Rheinau

«Und wohl bedarf die Welt in ihrer unfrommen Einseitigkeit auch solcher Licht- und Wärmequellen [wie der Klöster], um nicht durchaus im egoistischen Irrsale zu erfrieren und zu verdursten.»

Kleinjoggs Katzenrütihof in Rümlang

«Neulich habe ich auch den sogenannten Philosophischen Bauer kennen gelernt, er heißt Kleinjogg und ist nichts weniger als das, wofür er ausgeschrien ist. Er hat einen sehr treffenden Verstand und zumal sehr tiefe richtige Gefühle über die notwendigsten reinen Bedürfnisse des Lebens.»

Das Kloster St. Georgen im Städtchen Stein am Rhein

«In einen Ort, Stein, wo der Rhein aus den Untersee fließt, fütterten wir. Hier liegt ein Schloß [Burg Hohenklingen], von welchen mit einer Canon geschossen wird, sobald als mehr als drey Pferde kommen, sowohl beritten als vor einer Kutsche. Diese Ehre wiederfuhr uns auch.»

Das Städtchen Eglisau am Rhein

«Hinab nach Eglisau über die Brücke, Reinlichkeit und Zierlichkeit derselben. Ein paar Mädchen von zwölf bis vierzehn Jahren saßen am Zoll in einem artigen Kabinette und nahmen das Weggeld ein. Die jüngere nahm das Geld und überreichte den Zettel, indes die ältere Buch hielt.»

Der Rheinfall bei Schaffhausen

«Herrlicher war das Farbenspiel in dem Augenblick der sinkenden Sonne, aber auch alle Bewegung schien schneller, wilder und sprühender zu werden. Leichte Windstöße kräuseln lebhafter die Säume des stürzenden Schaumes ...»

Der Gotthard – «Gipfel unserer Reise» – und der Abstieg nach Altdorf

Gotthard-Paßhöhe mit Hospiz

«Endlich sind wir auf dem Gipfel unserer Reise glücklich angelangt!» notiert Goethe am 13. November 1779 im Gotthardhospiz bei den Kapuzinern und kommt sich «sehr wunderbar hier oben vor; wo ich mich vor vier Jahren mit ganz andern Sorgen, Gesinnungen, Planen und Hoffnungen, in einer andern Jahrszeit, einige Tage aufhielt, und mein künftiges Schicksal unvorahnend, durch ein ich weiß nicht was bewegt, Italien den Rücken zukehrte und meiner jetzigen Bestimmung unwissend entgegen ging.»[165] In Begleitung des Pfarrhelfers Jakob Ludwig Passavant aus Zürich hatte er damals, am 22. Juni 1775, die Höhe erklommen und tags darauf die berühmtgewordene Aussicht Richtung Italien gezeichnet, von welchem «Scheideblick» im vierten Teil von «Dichtung und Wahrheit» die Rede ist[166]. Ein drittes und letztes Mal war er am 3. Oktober 1797 mit Heinrich Meyer aus Stäfa und seinem Diener hier oben, ging aber «nach Tische (...) wieder herunter»[167] nach Hospenthal, ohne in seinen Aufzeichnungen etwas über den Süden zu sagen, den er auf der Italienreise inzwischen kennen und lieben gelernt hatte.

So häufig man auch von Goethes «Scheideblick» spricht: er war naturgemäß nicht der einzige, der auf dem Gotthard Sehnsucht nach dem Süden empfand und ihr doch nicht stattgeben konnte. Zwölf Jahre vor Goethes erstem Gotthardbesuch, also 1763, berichtet der Hannoveraner Johann Gerhard Reinhard Andreae in seine Heimatstadt: «Ach, beklagen Sie mich, mein Herr, nicht, daß ich hier, anstatt den Berg nur weiter hinabzusteigen, wie ich zu thun bis zu dem Hospitium wirklich schon angefangen hatte, meinen Schritt verändern, das gelobte Land, das so nahe vor mir lag, wie ein anderer Moses, doch nur mit den Augen meiner Einbildungskraft, hofnungslos ansehen mußte, aber nicht hinein durfte, sondern genöthigt war, ihm den Rükken zuzuwenden.»[168] Und Goethes Urfreund aus Weimar, Karl Ludwig von Knebel, erging es im Juli 1780 nicht viel anders. Er sehnte sich ebenfalls «nach Italien, und da ich fand, daß mein Schicksal mir für dießmal nicht dahin zu gehen erlaubte, so rief ich mir aus meinem Vaterlande das Liebste von meinen Freunden her, und theilte mit ihnen den Anblick und den Genuß meiner Freuden und meines Herzens.»[169]

Ob das nun sentimentalische Gebärden waren oder wirkliche Gefühle, ob diese Berggänger Italien mit der Seele suchten oder nicht (wie etwa der nüchterne Herzog Carl Eugen von Württemberg am 9. September 1783)[170]: es wurde jedermann beherbergt von den Kapuzinern im Hospiz, in dem Pater Lorenzo – Gastgeber bei allen drei Besuchen Goethes – als Hausherr wirkte. 1775 war auch Pater Seraphim dabei, der mit Goethe möglicherweise Meteorologisches besprach; 1779 war er in Mailand. «Witterungs-Beobachtungen, angestellet von denen beiden Capuzinern Fr. Pio de Milano und Fr. Serafino»[171] aus dem Jahr 1762 haben sich erhalten: am 3. Mai registrierten die Patres um 6 Uhr morgens «dünnen Nebel», am nächsten Tag um 12 Uhr «leichtes Gewölke mit Nebel»[172], und Pater Lorenzo seinerseits hatte für die «Churfürstliche

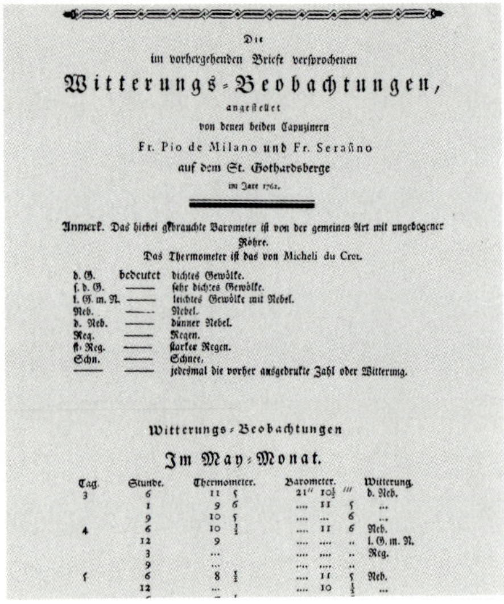

Die
im vorhergehenden Briefe versprochenen
Witterungs-Beobachtungen,
angestellet
von denen beiden Capuzinern
Fr. Pio de Milano und Fr. Serafino
auf dem St. Gothardsberge
im Jare 1762.

Anmerk. Das hiebei gebrauchte Barometer ist von der gemeinen Art mit ungebogener Röhre.
Das Thermometer ist das von Micheli du Cret.

d. G. bedeutet dichtes Gewölke.
s. d. G. —— sehr dichtes Gewölke.
l. G. m. N. —— leichtes Gewölke mit Nebel.
Neb. —— Nebel.
d. Neb. —— dünner Nebel.
Reg. —— Regen.
st. Reg. —— starker Regen.
Schn. —— Schnee.
—— —— jedesmal die vorher ausgedrukte Zahl oder Witterung.

Witterungs-Beobachtungen
Im May-Monat.

Tag.	Stunde.	Thermometer.	Barometer.	Witterung.
3	6	11 5	21'' 10½ '''	d. Neb.
	1	9 6	.... 11 5	...
	9	10 5	 6	...
4	6	10 ½	.... 11 6	Neb.
	12	9	....	l. G. m. N.
	3	...	....	Reg.
	9	...	....	
5	6	8 ½	.... 11 5	Neb.
	12	...	.... 10 ½	...

Witterungs-Beobachtungen der Kapuziner vom St. Gotthard, abgedruckt in J. G. R. Andreaes «Briefen aus der Schweiz nach Hannover» (1776)

Akademie in Manheim»[173] Witterungstafeln angefertigt. Daß er Italiener oder Tessiner war, ärgerte den Herzog Carl August ein wenig: «Unser Capuc. sprach nichts als welsch», notiert er am 13. November 1779 ins Tagebuch, fügt aber bei: «Es war gar ein guter lebhafter starcker Kerl»[174]. Dem Freund Knebel, der als Properz-Übersetzer des Lateins gewiß mächtig war, gibt er am 7. Juni 1780 den brieflichen Hinweis: «Hier mußt du dich des Lateins oder Italienischen bedienen; denn die verstehen kein Deutsch. Du gibst ihnen etwas, wenn du weggehst; fordern thun sie nichts.»[175]

Selbstverständlich wurden die Gäste der Kapuziner nicht nur aufs beste unterhalten, sondern auch bewirtet – je nach Jahreszeit und Vorratslage mit Forellen[176], auch mit «Chocolade und Caffee»[177], mit Reis[178] (vielleicht Risotto?), es gab «delicatesten italienischen Wein»[179] zu «gekochtem Fleisch»[180], und ein Gast erhielt zum Frühstück «Suppe, Wurst, Käs, Brod, 2 Maß Wein.»[181]

Doch was aß Goethe? In «Dichtung und Wahrheit» erinnert er sich etwas vage an «Brot, Käse und trinkbaren Wein»[182] beim Besuch von 1775. Was er 1797 zusammen mit Freund Meyer verzehrte, hat nicht er, aber sein Diener Johann Jakob Ludwig Geist (1776–1854), dem das Essen offenbar besonders schmeckte, getreulich notiert. Es gab:
«1. Eine gute Reissuppe, in welcher eine Knackwurst sich befand.
2. Folgte Pökelfleisch mit einer guten Sauce nebst Senf.
3. Fisch, sowohl in Semmel geröstet als mit Essig und Zitrone.
4. Gemsbraten.
5. Nachtisch, der in gutem Schweizerkäse und Most bestand.»[183]

Weniger wirtlich war den Gästen zumute, wenn sie vors Hospiz traten. Die meisten berichten von ihrer Beklommenheit angesichts der abweisenden, rauhen Gegend mit ihren Schlünden und gewaltigen Felstrümmern. Goethe faßt seinen Eindruck 1775 in die Worte: «Öde wie im Thale des Todts – mit Gebeinen besäet»[184] – ein Bild, das an Visionen des Propheten Ezechiel erinnert (vor allem ans 6. Kapitel) und das ein Altersgenosse Goethes, Wilhelm Heinse (1749–1803), im gleichen Zusammenhang braucht: «Ich hab Gleim geschrieben, daß der Gotthard ein Gebeinhaus der Natur sei, und daß, statt der Totenknochen, ungeheuere Reihen von öden Steingebürgen und in den tiefen Tälern aufeinander gehäufte Felsentrümmer dalägen; und so ist es.»[185]

Goethe spricht in «Dichtung und Wahrheit» auch vom «Drachengipfel»[186] des Gotthard und läßt Mignon in ihrem Lied «Kennst du das Land» Verse singen, die durchaus an sein Gotthard-Erlebnis gemahnen:

«Kennst du den Berg und seinen Wolkensteg?
Das Maultier sucht im Nebel seinen Weg,
In Höhlen wohnt der Drachen alte Brut,
Es stürzt der Fels und über ihn die Flut;
(…)»[187]

Drachenmäßiges erlebte auch Knebel, diesmal bei der Teufelsbrücke: «Nichts als nackter, brauner, zersplitterter Fels, in ungeheuern Massen, in deren tiefen Löchern und Klüften nur Drachen und Greife zu herbergen scheinen.»[188] So war denn mancher Gotthardbesucher erleichtert, wenn er sich wieder reußabwärts bewegen konnte, nach Hospenthal, wo Goethe 1797 «Glimmerschiefer mit vielem schönem Quarz»[189] feststellte, wie er überhaupt auf der dritten Schweizer Reise häufig mineralogische Betrachtungen anstellte. In Andermatt (er nennt es «Ursern») besuchte er damals in Meyers Begleitung auch das Mineralienkabinett des Landammanns Johann Anton Nager (1749–1822) und aß wohl auch, wie schon 1775 und 1779, vom «berühmten Urserner Käse»[190], welcher nach einem zeitgenössischen Bericht «ohngefär die Figur des grünen Schabziegers» hatte und wegen seines hohen Fettgehalts «mit Baumrinde umwikkelt» verschickt wurde. «Daß sein Geruch stark sei, brauche ich wol nicht zu sagen», fügt der Gewährsmann bei[191].

Partie im Reußtal, von Goethe als «Drachenthal» bezeichnet. Zeichnung des Dichters von 1775

Teufelsbrücke bei Göschenen

Vom Urserental kam man, wieder nach dem Bericht von 1797, zur Teufelsbrücke, und den Reisenden «stiegen feuchte Nebel (...) entgegen, vermischten sich mit dem Wasserstaub, so daß man nicht wußte, woher sie kamen und wohin sie gingen. Gleichheit der Steinart. Das Ungeheuere läßt keine Mannigfaltigkeit zu. Schnee, der die Vögel in die Schlingen jagt. Maultierzug. Ton des Kühhornes. Mist für ein Rittergut auf dem Wege zerstreut und verderbt. Bei Göschenen ein schöner Sonnenblick das Seitental herein; Nebel und Wolken vermehrten sich an den Gipfeln, unter Wassen hingen sie schon soffittenmäßig.»[192]

In Erstfeld wurde die Jagdmattkapelle eines geheimrätlichen Blickes gewürdigt: «Jäger und Hunde knien vor dem Hirsch, der eine Veronika zwischen dem Geweihe hat»[193], wobei es genau besehen nicht Veronika ist, welche der Hirsch im Geweih trägt, sondern ihr Schweißtuch mit Christi Antlitz. Weder Goethe noch den «Kunschtmeyer» dürfte die Darstellung eines Jagdwunders sonderlich begeistert haben: ihr Geschmack hielt sich lieber an Klassisches als an die naive Malerei über dem Eingang zur Kapelle. In Altdorf wurde im «Schwarzen Löwen» gewohnt, dessen «artige Türschlösser, die man von außen aufstößt und von innen aufzieht»[194] Goethe auf der Herreise gelobt hatte. Es war ihm ferner aufgefallen der «Kastagnettenrhythmus der Kinder mit Holzschuhen. Der Ort selbst mit seinen Umgebungen erscheint im Gegensatz von Schwyz; er ist schon stadtmäßiger, und alle Gärten sind mit Mauern umgeben. Ein italienisches Wesen scheint durch, auch in der Bauart.»[195] Solche Italianità wird auch von andern Reisenden bestätigt: «man speiset in diesem Orte schon auf Italienischem Fus»[196], schreibt der eine, der andere «trifft hier weit mehr, als in Unterwalden, Italiänische Züge, Gesichtsfarbe, Haare, Augen, und selbst Bildungen an»[197], und ein dritter stellt folgendes fest: «Auch das ienseits der Alpen so sehr geliebte far niente ist hier in großem Werthe, so daß man die arbeitfähigste Leute zu allen Zeiten des Tags vor den Häusern und so gar an einem dieser Bestimmung geweihten Plaze sich versammeln sieht, um beisammen zu stehen, und, wenn sie nicht selbst dafür zu träge sind, zu plaudern.»[198]

Der Flecken Altdorf war für Goethe aber nicht deshalb wichtig, sondern als der Ort, wo Tell seinem Sohn den Apfel vom Kopfe geschossen hatte – ein Motiv, das seine dichterische Phantasie während einiger Zeit bewegen sollte.

Darstellung des Hirschwunders an der Jagdmattkapelle bei Erstfeld

«Nun wie ist denn dir, alter Tell? Du siehst nicht frisch drein ...»

Bätely verbindet dem Jery die Hand

So sagt in Goethes Singspiel «Jery und Bätely»[199] der aus französischen Diensten heimgekehrte Soldat Thomas zum jungen Bauern Jery, Freier der hübschen Sennerin Bätely und kräftigem Schwinger. Der Schauplatz des Stücks «ist in den Gebirgen des Kantons Uri», und als Goethe an den «Annalen» arbeitete (von 1816 an), empfand er noch «die Gebirgsluft die darinnen weht (...) wenn mir die Gestalten auf Bühnenbrettern zwischen Leinwand und Pappenfelsen entgegen treten.»[200] Mit «Tell» meint er in diesem Stück, einem literarischen Früchtchen seiner zweiten Schweizer Reise, nur gerade den seßhaft gebliebenen Helvetier im Gegensatz zum Fremdenlegionär, dachte aber in andern Zusammenhängen immer wieder an «jenen der ganzen Welt als heroisch-patriotisch-rühmlich geltenden Meuchelmord»[201] und trug trotz solch feiner Reserve gegen das Element des Aufruhrs entscheidend dazu bei, daß der alte Tell wieder frisch dreinschaute. Natürlich hatte er schon auf der ersten Reise den Vierwaldstättersee mit Rütli und Tellskapelle besucht und fuhr, damals noch eher von Tyrannenhaß durchzuckt als in reiferen Jahren, am 19. Juni «früh ½7 aufwärts dann hinab an vier Waldstätter See. Auf dem See von Izenach [Viznau] nach Gersau zu Mittag im Wirthsh. am See. gegen zwey dem Grüdli über wo die 3 Tellen schwuren drauf an der Tellen Platte wo Tell aussprang. Drauf 3 Uhr in Flüely wo er eingeschifft ward. 4 Uhr in Aldorf wo er den Apfel abschoß.»[202] 1779 führte ein Schiff ihn und seine Begleiter von Flüelen über Brunnen nach Luzern, und bei der dritten Seefahrt, am 30. September 1797, notierte er, von Brunnen nach Flüelen unterwegs: «Grüne des Sees, steile Ufer, Kleinheit der Schiffe gegen die ungeheuern Felsmassen. Schwer mit Käse beladnes Schiff. Waldbewachsne Abhänge, wenige Matten, wolkenumhüllte Gipfel, Sonnenblicke, gestaltlose Großheit der Natur. Abermals nord- und südwärts fallende Flöze, gegen Grütli über. Links steile Felsen. Konfusion der Flöze hüben und drüben, die selbst in ihren Abweichungen korrespondieren. Kleine Kirche, links Sisikon. Tal hineinwärts, erst gelinde ansteigende, dann steile Matten. Angenehmer Anblick der Nutzbarkeit zwischen dem Rauhsten. Die Seelinie macht das Ganze so ruhig. Schwanken der Bergbilder im See. Gegen Platten ist eine schöne Stelle, erst kahler Fels und Steinrutsche, dann anmutige, nicht allzusteile Matten mit schönen Bäumen und Büschen umgeben, Felsen bis auf ihre höchsten Gipfel bewachsen.

Es begegneten uns Schiffe, welche Vieh transportiert hatten; wir stiegen aus in Tells Kapelle. Wenn man die gegenüberstehenden Felsen, aus der Kapelle, gleichsam als ein geschlossenes Bild sieht, so geben sie gleich einen andern Anblick. Freitag nach Himmelfahrt wird da gepredigt, die Zuhörer sitzen in Schiffen. Man fährt abermals an einer Felsenecke vorbei, und blickt nun ins Urseren Tal. Nach einem ungeheuern steilen Felsen folgen niedere Matten. Man sieht Flüelen, schönste Alpe herwärts von demselben; hinterwärts sieht man ins flache Tal von steilen Gebirgen umgeben.»[203]

Kapuzinerpredigt vor der Tellskapelle, gezeichnet von Lory d.J.

Wie großartig sich Goethe einen Sonnenaufgang vor solcher Landschaft vorstellte, geht aus seinen berühmt gewordenen Terzinen am Anfang von «Faust II» hervor:

«In Dämmerschein liegt schon die Welt erschlossen,
Der Wald ertönt von tausendstimmigem Leben;
Talaus, talein ist Nebelstreif ergossen,
Doch senkt sich Himmelsklarheit in die Tiefen,
Und Zweig und Äste, frisch erquickt, entsprossen
Dem duftgen Abgrund, wo versenkt sie schliefen;
Auch Farb an Farbe klärt sich los vom Grunde,
Wo Blum und Blatt von Zitterperle triefen:
Ein Paradies wird um mich her die Runde.

Hinaufgeschaut! – Der Berge Gipfelriesen
Verkünden schon die feierlichste Stunde;
Sie dürfen früh des ewigen Lichts genießen,
Das später sich zu uns herniederwendet.
Jetzt zu der Alpe grüngesenkten Wiesen
Wird neuer Glanz und Deutlichkeit gespendet,
Und stufenweis herab ist es gelungen –
Sie tritt hervor! – und leider schon geblendet,
Kehr ich mich weg, vom Augenschmerz durchdrungen.»[204]

Zudem ersann er «einen Tell unmittelbar in der Gegenwart» dieser «klassischen Örtlichkeit»[205]: zurück in Stäfa am Zürichsee las er die «Schweizer Chronik wegen der Tellischen Geschichte»[206] (gemeint: Ägidius Tschudis «Chronicon helveticum», 1734 erstmals gedruckt) und stellte sich für sein Hexameter-Gedicht – welches von Natur aus schon wenig geeignet sein konnte, um Revolutionäres und dramatische Zuspitzung auszudrücken – Tell «als einen kolossal kräftigen Lastträger» vor, damit beschäftigt, «die rohen Tierfelle und sonstige Waren durchs Gebirg herüber und hinüber zu tragen (...) und ohne sich weiter um Herrschaft noch Knechtschaft zu bekümmern, sein Gewerbe treibend und die unmittelbarsten persönlichen Übel abzuwehren fähig und entschlossen.»[207] Geßler andererseits sollte «einer von den behaglichen Tyrannen» sein, «welche herz- und rücksichtslos auf ihre Zwecke hindringen, übrigens aber sich gern bequem finden, deshalb auch leben und leben lassen, dabei auch humoristisch gelegentlich dies oder jenes verüben, was entweder gleichgültig wirken oder auch wohl Nutzen und Schaden zur Folge haben kann.»[208]

Unten: Püntener Gemälde aus der Tellskapelle heute im Schloß a Pro zu sehen. Mancher Besucher verewigte sich darauf mit eingekratzter Unterschrift, so auch Goethes Freund Philipp Christoph Kayser. («... der Kayser hatte sich hier eingeschrieben», notiert Carl August am 15. 11. 1779 im Tagebuch)

Er war, wie er am 6. Mai 1827 zu Eckermann sagte, «von diesem schönen Gegenstande (...) ganz voll, und ich summte dazu schon gelegentlich meine Hexameter. Ich sah den See im ruhigen Mondschein, erleuchtete Nebel in den Tiefen der Gebirge. Ich sah ihn im Glanz der lieblichsten Morgensonne, ein Jauchzen und Leben in Wald und Wiesen. Dann stellte ich einen Sturm dar, einen Gewittersturm, der sich aus den Schluchten auf den See wirft. Auch fehlte es nicht an nächtlicher Stille und an heimlichen Zusammenkünften über Brücken und Stegen.

Von allem diesem erzählte ich Schillern, in dessen Seele sich meine Landschaften und meine handelnden Figuren zu einem Drama bildeten. Und da ich andere Dinge zu tun hatte und die Ausführung meines Vorsatzes sich immer weiter verschob, so trat ich meinen Gegenstand Schillern völlig ab, der denn darauf sein bewundernswürdiges Gedicht schrieb.[209]»

Wie gewohnt freute sich der treue Eckermann «dieser Mitteilung, die allen interessant zu hören war.»

Trotz solchem Verzicht auf einen «Tell» konnte das Weimarer Publikum in Goethes «Maskenzug bei allerhöchster Anwesenheit Ihro Majestät der Kaiserin Mutter Maria Feodorowna» wenigstens eine «Tell»-Gruppe bewundern:

«Wilhelm Tell, begleitet von allen Gestalten, die ihm durch Legende und Dichtung vorlängst zugegeben worden. Uns freut vor allem sein glücklich erworbenes Kind. Walter Fürst, Werner Stauffacher, Arnold Melchtal, ewig bund- und eidgenossene Namen! Auch die tüchtigen und gutgesinnten Hausfrauen zieren die Gesellschaft; so wie die bisher abgesonderten Geschlechter, Rudenz und Bruneck, sich gerne fügen. Mehrere Landsleute werden willkommen geheißen. Ja sogar die Gestalt Geßlers wagt es, versöhnt unter seinen Widersachern aufzutreten»[210], wobei übrigens Friderice, die Tochter von Goethes Diener Philipp Seidel, als «Schweizerin» auftreten durfte[211].

Bildliche Darstellungen des Stoffs waren Goethe nicht nur aus Tschudis Chronik bekannt. Er hatte schon 1779 in Altdorf eine sehen können, wie der Herzog berichtet: «In Altorf ist ein Thurm, an welchen Tells Geschichte gemahlt steht. Auch steht er mit seinen Sohn auf den Brunnen». Außerdem war die Tellskapelle am Vierwaldstättersee nach dem gleichen Bericht «sehr bunt mit Tells u. etl. Schlachten Geschichten bemahlt».[212] Das waren die Bilder von Carl Leonz Püntener (1667–1720), die später aus der Kapelle entfernt und ins Schlößchen A Pro (Kanton Uri) verbracht wurden, wo sie noch heute zu sehen sind. In eher merkwürdiger Weise

Blick aus der Tellskapelle auf den Vierwaldstättersee

feiert die Rütliszene, die Goethe in der Kapelle gesehen haben muß, Urständ in seinem Stück «Die Aufgeregten». Wie sich dort Breme von Bremenfeld mit Martin und Albert gegen den Schloßherrn und den Amtmann verbündet, sagt er folgendes: «Gebt mir die Hände, brave Männer! So standen einst die drei großen Schweizer, Wilhelm Tell, Walther Staubbach, Fürst von Uri, die standen auf dem Grütliberg beisammen und schwuren den Tyrannen ewigen Haß und ihren Mitgenossen ewige Freiheit. Wie oft hat man diese wackern Helden gemalt und in Kupfer gestochen!»[213]

In der Zentralschweiz von damals ehrte man die drei Eidgenossen – Walter Fürst, Werner Stauffacher und Arnold von Melchtal – sogar mit einem Denkmal[214], das allerdings schon zu Goethes Zeit wieder verschwand. Auf der kleinen Insel vor dem Meggenhorn ließ der französische Schriftsteller Guillaume Thomas François de Raynal (1713–1796) am 23. Oktober 1783 einen Obelisken aus Granit aufstellen. Auf seinen vier Seiten trug er Marmortafeln, davon die erste Fürst, Stauffacher und Melchtal lobend erwähnt, die zweite ihre Klugheit, Tapferkeit und Standhaftigkeit und die dritte ihre Freiheitstaten preist, indes sich «Guilelmus Thomas Raynal natione Gallus» auf der vierten Tafel selbst in Erinnerung ruft. Goethe hatte den Plan des Abbé in seinem Brief vom 7. Mai 1781 an Lavater so kommentiert: «Der 30 Fus hohe Obelisk wird sich armseelig zwischen der ungeheuren Natur ausnehmen. Was sich der Mensch mit seiner Nadelspizze von Marmor einbildet. Ich hoffe es soll nicht zu Stande kommen. Ihr Monument ist eure Constitution.»[215] Es kam dennoch zustande und wurde von vielen Reisenden besichtigt, so auch von der empfindsamen Sophie von La Roche, die «einige an den Stufen des Denkmahls gewachsene Kräuter und Blümgen»[216] pflückte. Im Jahr vor Goethes dritter Fahrt auf dem Vierwaldstättersee fuhr allerdings der Blitz in den Obelisken, angezogen von Tells kupfernem Apfel, der samt durchbohrendem Pfeil auf der Spitze des Mahnmals saß. Goethe sah sich am 7. Oktober 1797 «überall nach dem Raynalschen Monument um, aber vergebens; man wies uns den Felsen, wo es gestanden hatte. Durch die Zuleitung des goldnen Knopfs auf der Spitze ward es vom Gewitter getroffen, beschädigt und abgetragen.»[217]

Dafür hatte er tags zuvor ein anderes Denkmal für einen schweizerischen Heldenvater sehen können. Vor dem Gasthof «Zur Krone» in Stans, in dem er übernachtete, erblickte er «einen Brunnen, auf den der alte Winkelried mit den Speeren im Arm gestellt ist»[218].

Raynals Obelisk beim Meggenhorn

Das «Kunststück des Generals Pfeifer» in Luzern

General Franz Ludwig Pfyffer von Wyher bei der Arbeit

Über seinen Luzerner Besuch im Jahre 1779 läßt Goethe nur sehr wenig verlauten. In den drei «Reise-Routen durch die Schweiz», die er am 4. Juni 1780 für Freund Knebel zusammenstellte, empfiehlt er ihm «Luzern. Daselbst besuchst du den General Pfeiffer, der das merkwürdige Modell von der umliegenden Gegend gemacht hat, den du vom Herzog und mir grüßen und versichern kannst, daß es uns sehr leid gethan hat, seine Bekanntschaft nicht zu machen.»[219] Einen direkten Bericht finden wir im Brief Carl Augusts vom 19. November 1779 an seine «liebste Mutter» in Weimar: «Hier sahen wir das Kunststück des Generals Pfeifer. Es ist dieses der sonderbarste Gedanke, wunderbarste Unternehmung und größtes Meisterstück eines Ingenieurs; es ist nemlich das Modell des Vierwaldstedter Sees mit fast allen daran stoßenden Kantons, mit allen Dörfern, Häusern, Brücken, Wäldern, Gebirgen, bis auf merklich abgerissenen Felsstücken; es ist nichts Gespieltes, die genauste Proportion, alles ist auf den Fleck selbst gemessen; sogar die Arten der Waldungen unterschieden. Was am meisten dafür, nemlich vor die Trefflichkeit des Werks zeugt, ist, wenn man es durch ein Glas perspektivisch ansieht, es die Erinnerung der Würkung hervorbringt, die die Natur auf einen gemacht hat.»[220]

Es ist durchaus denkbar, daß General-Lieutenant Franz Ludwig Pfyffer von Wyer (1716–1802)[221] damals gerade wieder mit Vermessungen im Gelände beschäftigt war, die ihm als Grundlage für sein großes topographisches Werk dienten. Er hatte 1769 seinen Abschied aus französischen Diensten genommen und war in seine Vaterstadt Luzern zurückgekehrt, wo er – ausgehend vom Pilatus und dessen Umgebung – in mühseliger Arbeit ein Relief verfertigte, das in einem Rechteck von 6,61 auf 3,89 Meter die Kantone Luzern (mit Ausnahme einiger

Pfyffers Modell

Grenzgebiete im Westen und Nordwesten), Unterwalden, Uri, Schwyz, Zug und angrenzende Teile der Kantone Bern und Zürich darstellt. Bei seinen Arbeiten unter freiem Himmel mit Zirkel, Winkelmaß, Stift und Notizpapier scheint es ihm immer wieder ähnlich ergangen zu sein wie Goethe beim Abzeichnen des alten Turms von Malcesine am Gardasee[222]: man hielt ihn für einen Spion. So blieb dem General nichts anderes übrig, als für seine Explorationen mondhelle Nächte abzuwarten und sich im übrigen mit einer Ziegenherde sowie einigen des Melkens kundigen Dienern zu umgeben, um sich inmitten der mißtrauischen Urbevölkerung den Nachschub zu sichern. Sein von vielen damaligen Besuchern geschildertes Relief bildete er aus einer Mischung von Ziegelmehl, Talk und Kohle, gebunden mit Leim. In die höchsten Gebirge setzte er Gesteinsproben ein, die er an Ort und Stelle mitgenommen hatte, als Deckschicht goß er eine Lage Wachs über sein auf Holzbrettchen ruhendes Gebilde und kolorierte diese je nach Landschaftstypus.

Friedrich Leopold von Stolberg, einer von Goethes Begleitern auf der ersten Schweizer Reise, glaubte, «die Nadelholzungen wären aus Schlacken gemacht». Doch Pfyffer, ein «gefälliger, lebhafter Greis» lächelte, «ging in sein Kabinet und kam zurück mit einer umgekehrten zottigen Nachtmütze von Baumwolle. ‹Aus solchen Zotten›, sagte er, ‹die ich mit Mastix überkleide, mache ich die Tannenwälder, welche Sie hier sehen.›»[223] Vor dem Verstauben wußte er sein Werk mit ingeniösen Mitteln zu schützen. Sophie von La Roche berichtet – Bewunderung für des Generals Geschicklichkeit mit hausfraulicher Sachkunde verbindend –: «(...) der höfliche Geistliche, so uns in dessen [Pfyffers] Abwesenheit herumführte, stieg sogleich auf einen Stuhl, und drehte ganz leicht eine Walze, welche ein ruhigliegendes Gestäng in Bewegung sezte, mit dem eine Decke über das ganze Werk sich niederzog, und uns dadurch überzeugte, daß dieses seltene Kunststück des Fleißes und der Vaterlandsliebe vor dem Einstauben gesichert ist.»[224] Weniger gefiel ihr «ein kunstvolles, aber für mein Aug und Herz widriges Gemälde voll trauriger den Menschenverstand tief entehrender Ideen. Ein Hexentanz von Holbein.»

Frau Anna Pfyffer, née Demel, aus Argentueil, in Luzern

Ein Darsteller von Goethes Schweizer Reisen[225] brachte das Bild, das der «Faust»-Dichter vermutlich auch gesehen hat, voreilig in einen Zusammenhang mit der Hexenküche und Walpurgisnacht in der Tragödie erstem Teil, der sich nicht nachweisen läßt. Viel eher gehört es zu dem, was man die «Nachtseite» in Pfyffers Biographie nennen könnte: seine Frau, eine schöne Französin aus Argenteuil, wurde ein Jahr nach Goethes Besuch zu Grabe getragen und reich geschmückt bestattet. Ein habgieriger Totengräber wollte des Nachts ihr Grab ausrauben – und weckte sie aus ihrem Scheintod, von dem sie sich erholte. Sie fand den Weg nach Hause und starb erst am 25. Juni 1800, ohne freilich jemals wieder gelächelt zu haben.

Gemalte Fensterscheiben, kunstvolle Münzen und ein unvergeßliches Bild

«Schöne gemalte Scheibe» von 1537

Seinen «Scheideblick» auf den Vierwaldstättersee tat Goethe am 7. Oktober 1797 von Küßnacht aus, wo er mit Meyern im Gasthaus «Zum Engel» speiste.

«Nach Tische gingen wir ab und fanden einen sanften, in die Höhe steigenden, angenehmen Weg; gesprengte Granitblöcke lagen an der Seite, man hatte sie von einer Matte, die man reinigte, herüber an die Straße geschafft. Wahrscheinlich liegen sie dort als ungeheure Geschiebe. Die Steinart ist die des Gotthards, nur weniger blättrig. Man erreicht die Höhe der kleinen Erdzunge, welche den Vierwaldstätter und den Zuger See trennt. Kapelle zum Andenken von Geßlers Tod. Man sieht nun rückwärts von oben herunter eine anmutig gebaute, aufsteigende Bucht vom Luzerner See herauf. Wir fanden einige Kastanienbäume, sehr schön bestandne Matten und Baumstücke, deren hohes Gras und Kraut von den Kühen mehr zertreten als gefressen ward. Wir erblickten den Zuger See, eigner Charakter desselben, sanft abhängende Berge. Arth liegt rechts im Winkel.»[226]

Zu einer Rigi-Besteigung kam es auch diesmal nicht – so wenig wie seinerzeit auf der zweiten Reise mit dem Herzog. Vielleicht aber dachte Goethe zurück an jenen Frühsommer 1775, da er von Schwyz aus zum Lowerzer See gewandert war und sich von «zwey Maidle» auf die Insel Schwanau rudern ließ. Darauf wurde der «Rigi bestiegen ½8 bey der Mutter Gottes zum Schnee. 3 Wirthsh. 5 Cap im Closter. im Ochsen.

18. Sontags früh gezeichnet die Capellen vom Ochsen aus. um zwölf nach dem kalten Bad oder 3 schwestern Brunn dann die Höhe ¼3 Uhr in Wolcken und Nebel rings die Herlichkeit der Welt.

Wirtsstube im «Ochsen» auf dem Rigi. Zeichnung Goethes von 1775

Wie Goethe dank seiner Fähigkeit, sich an die Schweizer Landschaft zu erinnern, den Goldauer Bergsturz (1806) zeichnerisch nachempfand

8 Uhr wieder zurück. vor der Ochsen Thüre gebackner Fisch u. Eier. / das Klocken gebimmel des Wasserfalls Rauschen der Brunnenröhre Plätschern Waldhorn». Im damaligen Tagebuch notierte er auch: «Für lauter Wollust sah gar nichts»[227] – ein Überschwang, der inzwischen zu distanzierterer, aber immer noch unmittelbarer Anschauung geworden war. –

In Zug kehrten Goethe und Meyer im «Ochsen» ein und fuhren tags darauf weiter. Goethe fand den «Ort (...) reinlich und alt, aber gut gebauet, liegt an einer Anhöhe, ist der Stapelort von den Gütern, die nach Zürich gehen und daher kommen. Er liefert den kleinen Kantonen Töpferware, weil diesen aller Ton zu dem Endzweck mangelt. Es sind auch verschiedene Feuerhandwerke daselbst in guter Nahrung. Schöne gemalte Scheiben im Wirtshaus.»[228]

Glasgemälde pflegte er auf dieser dritten Reise gerne zu besichtigen: in Tübingen beschaute er die «farbigen Fenster im Chor»[229] der Stiftskirche, in Bülach (Kanton Zürich) beschreibt er die Wappenscheiben im «Goldenen Kopf»[230], und auch in Einsiedeln betrachtet er «schöne bunte Glasscheiben»[231]. Sie waren ihm, der für seine «Farbenlehre» so gerne mit gefärbten Gläsern experimentierte, auch abgesehen von ihrem künstlerischen Wert bedeutsam. Und die Kunst des Glasmalers schien ihm zudem verwandt mit der Kunst des Dichters:

Gedichte sind gemalte Fensterscheiben!
Sieht man vom Markt in die Kirche hinein,
Da ist alles dunkel und düster;
Und so siehts auch der Herr Philister.
Der mag denn wohl verdrießlich sein
Und lebenslang verdrießlich bleiben.

Kommt aber nur einmal herein!
Begrüßt die heilige Kapelle;
Da ists auf einmal farbig helle,
Geschicht und Zierat glänzt in Schnelle,
Bedeutend wirkt ein edler Schein.
Dies wird euch Kindern Gottes taugen,
Erbaut euch und ergetzt die Augen![232]

Doch auch weniger farbige Künste vermochten seine Augen zu ergetzen. Aus Weimar schreibt er am 25. April 1803 an Marianne von Eybenberg: «Da ich mich von dem Anschauen größerer Kunstwerke, hier in meiner Lage entfernt sehe, so ist die Betrachtung von Münzen eine besonders belehrende Unterhaltung, indem man die Kunstgeschichte aus ihnen sehr gut studieren kann, besonders wenn sich das Auge am Marmor hinlänglich geübt hat.»[233] So hatte ihn darum schon 1779 die Hedlingersche Medaillensammlung in Schwyz angezogen, die er mit dem Herzog beim Neffen des berühmten Künstlers besichtigte. Johann Karl Hedlinger von Schwyz (1691–1771) wirkte von 1718 an in Stockholm als Medailleur der königlichen Münze und blieb dort insgesamt 27 Jahre, von Reisen nach Rom, der Schweiz und Berlin abgesehen. Seit 1746 lebte er, bis zu seinem Tode, als freier Künstler wieder in Schwyz. Wenn Goethe und sein Herzog Hedlingers umfassendes «Medaillen Cabinet (...) auch Zeichnungen von diesem trefflichen Künstler»[234] besichtigen konnten, so verdankten sie dieses Glück auch ein wenig dem König von Schweden. Denn als Hedlinger in die Heimat zurückreiste, ging ein Schiff mit seinen Arbeiten unter «und seine herrliche Sammlung würde gänzlich zu Grunde gegangen seyn, woferne nicht der König von Schweden die Gnade gehabt hätte, seine Effecten wieder aus der See hohlen zu lassen, die ihm sodann, ob sie gleich sehr beschädigt waren, wieder eingehändigt wurden.»[235] Den meisten Betrachtern der Münzen blieben jene in Erinnerung, auf denen in griechischen Lettern das rätselhafte Wort LAGOM zu lesen war, «welches auf die Unsterblichkeit der Seele deuten soll»[236], wie Knebel meinte, und das andere Beschauer zum Schluß verleitete, sie hätten ein Stück aus dem griechischen Altertum vor sich. In Wirklichkeit ist «lagom» ein schwedisches Adjektiv und bedeutet «gerade recht / gerade genug / nicht zu viel und nicht zu wenig» – offenbar Hedlingers Wahlspruch für ein Leben in antikischer «mediocritas».

Titelblatt von Mechels Werk über Hedlingers Medaillen (1776) und «Lagom»-Medaillen

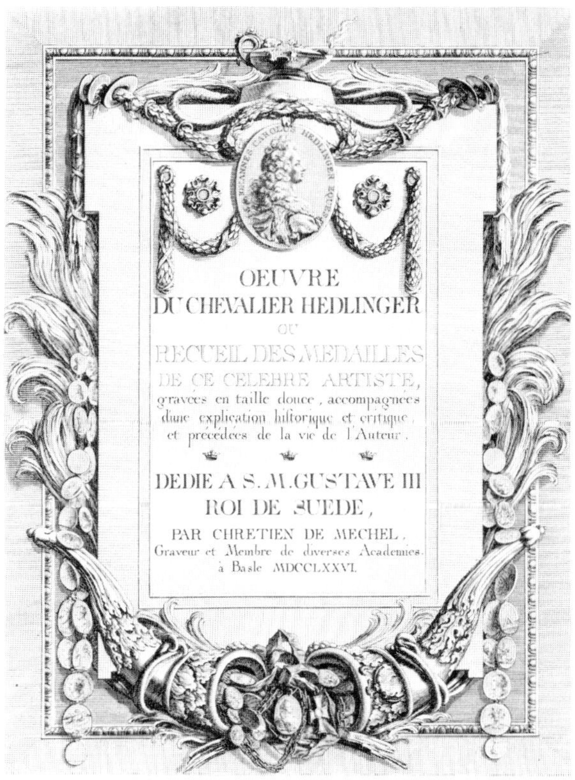

Merkwürdigerweise haben wir keinen Anhaltspunkt für einen zweiten Besuch Goethes im Hedlingerschen Kabinett. Dabei wäre gewiß der «Kunschtmeyer» an einer gemeinsamen Besichtigung interessiert gewesen, spendet er doch in seiner (erst in unseren Tagen veröffentlichten) «Geschichte der Kunst» dem Medailleur folgendes Lob: «Aber den größten Ruhm in diesem Fach erntete zu ebender Zeit Karl Hedlinger, aus Schwyz gebürtig; und die Weichheit, womit er das Fleisch zu behandeln, die malerische Leichtigkeit, die er den Haaren zu geben wußte, erregen wirklich Bewunderung, wobei übrigens noch ein wenig Geschmack des Bernini und der Franzosen nach damals herrschender Art unterläuft. Embleme und Sinnsprüche auf

Der Selige, heute Heilige Bruder Klaus, Patron der Innerschweiz, auf Hedlinger-Medaillen

den Kehrseiten von Hedlingers Schaumünzen sind zuweilen recht glücklich erfunden. Nach einem ruhmvollen Leben starb dieser Künstler in seinem Geburtsort 1771, 80 Jahre alt.»[237]

Ein wenig – oder eher viel – Geschmack des Bernini war es gewiß, was Goethe an der prächtigen barocken Einsiedler Klosterkirche so wenig Gefallen finden ließ, die er schon 1775 gesehen hatte und auch 1797, von Stäfa kommend, besuchte. Ihn ärgerte besonders die «Unsinnige Verzierung des Chors»[238], und er wandte sich bald den andern Sehenswürdigkeiten zu: «Der Schatz wird nur zum Teil gezeigt, unter dem Vorwande, daß man, nach einem Diebstahle, die besten Sachen beiseite gebracht habe. In der Bibliothek stehen schöne bunte Glasscheiben, in Rahmen, an den Fenstern herum. Im Naturalienkabinett ist ein kleiner wilder Schweinskopf, und einige andere Teile des Tiers in Sandstein, bei Uznach gefunden, merkwürdig. Ingleichen schöne Adularien, ein Granat mit natürlichen Facetten von Mittelgröße. In dem Kupferstichkabinett, unter der Bibliothek, hängen einige der besten Kupferstiche von Martin Schön.»[239]

Der Diebstahl, von dem die Patres Goethe erzählten, hatte sich tatsächlich ereignet. In der Nacht vom 6. auf den 7. Februar 1794 war in die Schatz- und Paramentenkammer eingebrochen worden, und der Dieb hatte sich reich beladen unter Zurücklassung eines Zettels mit folgender Warnung aus dem Staub gemacht: «Prenoit gard pour une autre fois, je viendrai une autre fois plus rigoureusement, mais cette fois, je suis content.» Später wurde ein Teil der entwendeten Gegenstände sogar zurückgebracht, diesmal mit einer Mitteilung an den Fürstabt persönlich: «Den größten Theil von den gestohlenen sachen werdet Ihr in der Camer, wo die Franzosen meßlesen unter einem Betstul und in der Schublade des Altars finden. Der Redlich führer der Diebe haltete sich lang in Einsidl wie ein französischer Priester auf. Es sind drey gesein. Zwey haben iz ihrige rückgestellt und bitten um Verzeihung weil sie nichts anders thun können. Der dritt wissen wir noch wo er hingangen (...) Verzeihet uns zwey»[240]. Schon im Jahr von Goethes zweitem Besuch in Einsiedeln zog sich Unheil über dem Dorf zusammen, und der Blitz, der am 19. Juli 1797 in den einen der beiden Türme der Klosterkirche einschlug, wurde als böses Omen für Schlimmeres gedeutet. Am 4. Mai 1798 brach denn auch ein eigentlicher Sturm los: Einsiedeln wurde von französischen Truppen unter General Schauenburg geplündert. Dabei schonte man weder Bibliothek noch Naturalienkabinett, der «wilde Schweinskopf» wechselte den Besitzer, und auch Martin Schongauers Kupferstiche verschwanden auf Nimmerwiedersehen. Goethe jedoch hatte den einen nie vergessen können. Er schreibt in «Dichtung und Wahrheit» über sein erstes Erlebnis (1775) von Schongauers «Marientod»: «Ganz anders aber zog mich unter Rahmen und Glas ein Kupferstich von Martin Schön an, das Abscheiden von Maria vorstellend. Freilich kann nur ein vollkommenes Exemplar uns einen Begriff von der Kunst eines solchen Meisters geben, aber alsdann werden wir auch, wie von dem Vollkommenen in jeder Art, dergestalt ergriffen, daß wir die Begierde, das gleiche zu besitzen, den Anblick immer wiederholen zu können – es mag noch so viel Zeit dazwischen verfließen – nicht wieder loswerden. Warum sollt' ich nicht vorgreifen und hier gestehen, daß ich später nicht eher nachließ, als bis ich ebenfalls zu einem trefflichen Abdruck dieses Blattes gelangt war?»[241] Im Oktober 1819 war ihm dies gelungen, und er meldete am 23. März 1820 glücklich an Sulpiz Boisserée: «Habe ich Ihnen schon gesagt, daß mir ein uralter Wunsch erfüllt worden: einen ganz vortrefflichen Abdruck vom Tod der Maria von Martin Schön zu erlangen?»[242]

Schongauers «Marientod»

«In Zürich selbst kann ich mir keine Existenz denken...»

Bodmers Haus

Am Abend des 17. September 1797 machte Goethe in Schaffhausen, unterwegs nach Zürich, die unfreundliche «Bemerkung eines gewissen stieren Blicks der Schweizer, besonders der Zürcher»[243] und gestand einen knappen Monat später, als er im lieblichen Stäfa am Zürichsee wohnte, seinem Freund Schiller: «In Zürich selbst kann ich mir keine Existenz denken, und wir werden uns wohl nunmehr sachte wieder nach Frankfurt begeben.»[244] Und doch hielt er sich in dieser Stadt häufiger auf als in jeder andern der Schweiz: vom 9. bis 15. Juni und dann wieder vom 26. Juni bis 6. Juli 1775; vom 18. November bis 2. Dezember 1779; vom 17. bis 21. September und dann, ein letztes Mal, vom 23. bis 26. Oktober 1797. War es Zürich selbst mit seinen Münstern und Brücken, das ihn anzog – oder ließ er sich von den Leuten «von Geschmack und Genie»[245] beeindrucken, deren man hier angeblich «mehr als zwanzig bis dreißig» antraf – gegenüber den drei bis vier vergleichbaren Köpfen im großen Berlin? Vermutlich waren nicht sie es, denn in einem Brief an Lavater bezeichnet er sie einmal unwirsch als «dikhirnschaalige Wissenschaftsgenossen in Zürich»[246] und empfahl: «Man lasse sie in der Schellenkappe ihres Eigendünkels sich ein wechselseitiges Conzert vorrasseln.» Vielmehr war es Zürichs schöne Lage an See und Fluß, die Goethe beflügelte – zum berühmten Gedicht «Auf dem See» ebenso wie zur bekannten Schilderung der Aussicht aus Bodmers Haus: «Man übersah vieles von dem was sich von der großen Stadt nach der Tiefe senkte, die kleinere Stadt über der Limmat, sowie die Fruchtbarkeit des Sihlfeldes gegen Abend. Rückwärts links, einen Teil des Zürichsees mit seiner glänzend bewegten Fläche und seiner unendlichen Mannigfaltigkeit von abwechselnden Berg- und Talufern, Erhöhungen, dem Auge unfaßlichen Mannigfaltigkeiten; worauf man denn, geblendet von allem diesem, in der Ferne die blaue Reihe der höheren Gebirgsrücken, deren Gipfel zu benamsen man sich getraute, mit größter Sehnsucht zu schauen hatte.»[247]

Diesen Blick hatte er auf seinem ersten Besuch 1775 genossen, begleitet von den Brüdern Stolberg und dem Baron Haugwitz, und wie diese à la Werther in blauem Frack und gelben Hosen auf der kleinstädtischen Szene auftretend, von den Bürgern mit besonderer Aufmerksamkeit beobachtet. Während seine drei Gefährten beim Bauern Jakob Berli in der «Enge» eingemietet waren, sich von dessen Hofe aus aber gerne in nahegelegenen Höhlen versteckten, um «unter Schatten von Eichen-, Nuß-, Dorn-, Eschen- und Wildapfelbaum-Gebüsch»[248] im Homer, der Bibel und Ossian zu blättern, wohnte Goethe bei Lavater im Haus «Zum Waldries» (Spiegelgasse 11), wo er vom Hausherrn «heiter und herzlich» empfangen wurde und die «etwas sonderbaren, aber friedlichen zartfrommen Züge»[249] der Frau Lavater kennenlernte. Auf sie hatte ihn ein Brief des geistlichen Freundes, den er seit Juni 1774 persönlich kannte, so vorbereitet: «Meine Frau, liebster Goethe, ist ein gutes, Herzgutes, sanftes, Daubenähnliches, lang u. zart u. reinlich gebildetes, geduldiges, unschuldiges HerzensLämmchen – ein edles,

Schmetterlinge aus Johann Caspar Füßlis «Magazin für die Liebhaber der Entomologie». Füßli hatte vor Zürichs «Physikalischer Gesellschaft» am 26. Juni 1775 über sein Insekten-Werk referiert. Bei der Sitzung anwesend: «Zween Hrrn Grafen von Stolberg / Hr. Baron v. Haugwitz / Hr. Doctor juris Göthe von Frankfurt / Hr. Passavant V.D.M. von Frankfurt»

stilles, friedsames, in meinen Armen unaussprechlich anmuthvolles – mich unaussprechlich beglükendes Weibchen; ungelehrt, ungestuzt, ohne Coketerie u. Prätension. – Nie schöner, himmlischer, einziger, als wenn wir allein sind; Sie allein ist, Sie Niemanden, Niemand Sie sieht. – Das allerliebste KinderMütterchen – das liebste Töchterchen u. Schwesterchen. – Nichts weniger als schön – aber voll Anmuth, u. edler Jungfräulichkeit – Amen! Halleluja –»[250] Nach solch wunderlicher Vorstellung von Lavaters Haustäubchen wundert nicht, daß Goethe diesen selbst einmal als «alten Paradiesvogel»[251] anspricht, wie um die ornithologische Terminologie beizubehalten. Und nichts vermag denn auch die bewegte Geschichte ihres anfangs innigen, dann immer problematischeren Verhältnisses besser zu illustrieren als die Tatsache, daß für Goethe der bunte «Paradiesvogel» allmählich zum grauen «Kranich» wurde, wobei man hinsichtlich der Farbe an den in «Faust II» schnarrenden Greifen denken mag, der sie in folgenden Zusammenhang bringt:

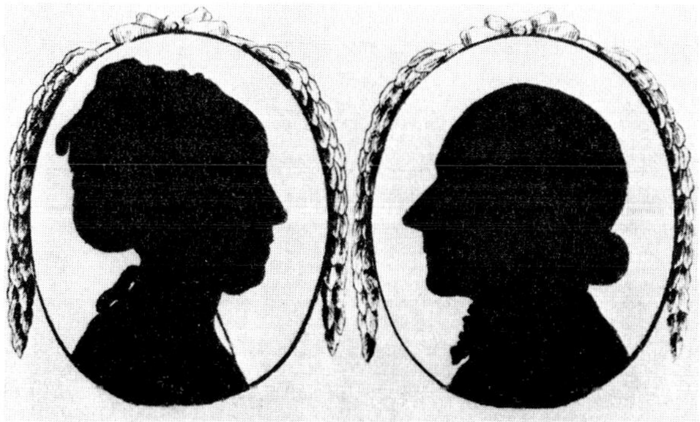

Lavater mit seiner Frau Anna, geb. Schinz

«Grau, grämlich, griesgram, greulich, Gräber, grimmig,
Etymologisch gleicherweise stimmig.»[252]

In Goethes Tagebuch vom 20. November 1797 aus Zürich heißt es: «Das Wetter war sehr trüb, demohngeachtet ging ich nach Tische ein wenig über die neuen Anlagen nach dem Schonehof spazieren. Auf dem Rückweg begegnete ich den Kranich».[253] Damit war Lavater gemeint. Zu einem Gespräch kam es damals bereits nicht mehr: zu sehr hatten sich ihre Wege getrennt.

Lavaters Frömmigkeit, für die es letztlich nur «Entweder Christ oder Atheist»[254] gab, war für Goethe trotz des Pfarrers «unglaublicher Geduld, Beharrlichkeit, Ausdauer»[255] mehr und mehr eine Herausforderung – in dem Maße, in dem sich sein eigener «liberaler Weltsinn»[256] fern jeden Dogmas entwickelte. Wenn für den buchstabengläubigen Lavater im «Evangelium wie es steht» «die göttlichste Wahrheit»[257] lag, konnte dagegen für Goethe «eine vernehmliche Stimme vom Himmel» so wenig überzeugend sein wie die Vorstellung, «daß ein Weib ohne Mann gebiert, und daß ein Todter aufersteht»[258]: er hielt solche biblischen Wunder, an welche Lavater ernstlich glaubte, geradezu für «Lästerungen gegen den großen Gott und seine Offenbarung in der Natur.»[259] Zwischen der Natur, welche allein seine Richtschnur war, und der biblischen Botschaft, an die sich der Pfarrer von St. Peter klammerte, gab es keine Vermittlung. Nach Jahren der Freundschaft, in denen Goethe an Lavaters «Physiognomischen Fragmenten» mitgearbeitet hatte und darin vom Verfasser eigens gewürdigt wurde, kam es – angesichts der einstigen Innigkeit des Verhältnisses nicht verwunderlich – zu gegenseitiger Verteufelung. Goethe ließ den Zürcher Geistlichen (wiederum als «Kranich») im «Walpurgisnachtstraum» in «Faust I» auftreten und inmitten seines «Hexenheeres» sagen:

«In dem Klaren mag ich gern
Und auch im Trüben fischen;
Darum seht ihr den frommen Herrn
Sich auch mit Teufeln mischen.»[260]

Goethe als Christi Versucher

Und Lavater seinerseits tat, wie Goethe einem Besucher erzählte, das Folgende: «Er hat dem Versucher Christi in der Wüste, wie man sagt, im Kupferstiche meine Physiognomie geben lassen.»[261] In der Tat besitzt «Satan bey Jesus in der Wüste» – abgebildet in Lavaters «Jesus Messias» – goethe-ähnliche Züge. Das war die Rache des Kranichs.

«Eine Henne für Talente»[262] dagegen nannte Goethe den greisen «Vater der Jünglinge» und literarischen Patriarchen Zürichs: Johann Jakob Bodmer. Bei ihm hatten Klopstock, Wieland und auch Tischbein gewohnt, bis sie, flügge geworden, das Nest im Haus «Zum obern Schönenberg» auf Nimmerwiedersehen verließen. Während der Rückblick des alten Goethe in «Dichtung und Wahrheit» manches in versöhnlichem Lichte zeigt, sagt er in einem Brief an Lavater aus der ersten Jahreshälfte von 1780 ganz unverblümt von Bodmer, er habe «einen großen Theil des zurükgelegten 18ten Jahrhunderts durchgedichtet (...), ohne Dichter zu sein».[263] Und daß sich dieser über Wielands «Oberon» entsetze wie «der Schuhu über eine Fakel»,[264] wolle er wohl glauben. Immerhin hatte dieser Schuhu mit seinen Nachtaugen im Dunkel der Literaturgeschichte einige Schätze erspäht und als erster hervorgeholt: Gedichte aus der Manesse-Handschrift etwa oder das Nibelungenlied. Goethe führte 1779 auch den Herzog zu ihm, und Carl August fand ihn «in seinen 81 Jahre sehr munter, u. gut (...) Er hat uns viele seiner neueren Schriften gegeben, welche zieml. unleßbar sind. Die Eintheilung dieses Geschencks hat er auf eine wunderliche Art gemacht. Mir hat er seine Übersetzung der Argonauten von Apollonius, Göthen eine kleine Brochüre, u. Wedeln alle seine neueren, sogenannten Politischen Schauspiele geschenckt. Die Übersetzung außgenommen daß andere ist alles Maculatur.»[265] Von dieser Visite konnte man übrigens im damaligen «Wochenblättlein» lesen. Es hieß dort: «Den 18. Wintermonat, langte hier der regierende Herzog von Sachsen-Weimar zu Pferd an. In seinem Begleit waren unter anderem auch der berühmte nach heutigem Geschmak gefällige Dichter Göthe aus Frankfurt der sich als Rat an des Herzogs Hof aufhält, und schon vor einichen Jahren, als er

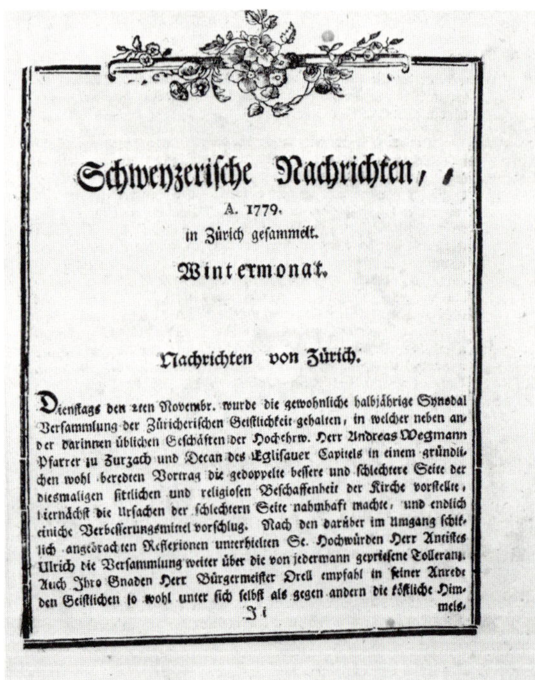

Schweyzerische Nachrichten,

A. 1779.

in Zürich gesammelt.

Wintermonat.

Nachrichten von Zürich.

Dienstags den 2ten Novembr. wurde die gewohnliche halbjährige Synodal Versammlung der Züricherischen Geistlichkeit gehalten, in welcher neben andern darinnen üblichen Geschäften der Hochehrw. Herr Andreas Wegmann Pfarrer zu Zurzach und Decan des Eglisauer Capitels in einem gründlichen wohl beredten Vortrag die gedoppelte bessere und schlechtere Seite der diesmaligen sittlichen und religiosen Beschaffenheit der Kirche vorstellte, hiernächst die Ursachen der schlechtern Seite nahmhaft machte, und endlich einiche Verbesserungsmittel vorschlug. Nach den darüber im Umgang schiklich angebrachten Reflexionen unterhielten Se. Hochwürden Herr Antistes Ulrich die Versammlung weiter über die von jedermann gepriesene Tolleranz. Auch Jhro Gnaden Herr Bürgermeister Orell empfahl in seiner Anrede den Geistlichen so wohl unter sich selbst als gegen andern die köstliche Himmels-

J i

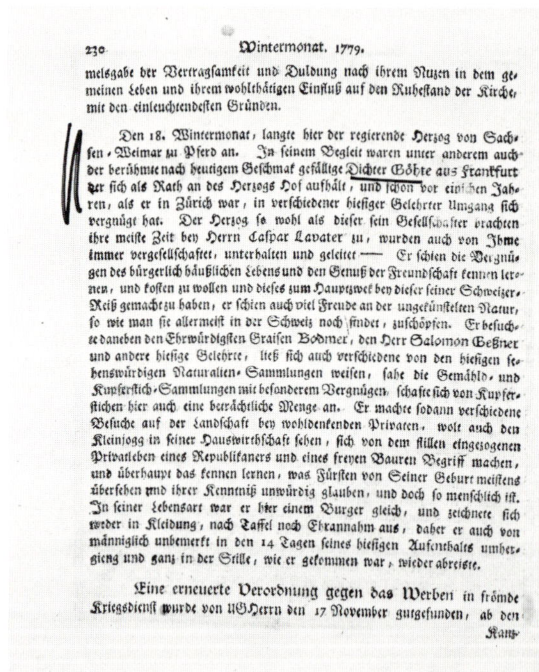

230 Wintermonat. 1779.

melsgabe der Vertragsamkeit und Duldung nach ihrem Nuzen in dem gemeinen Leben und ihrem wohlthätigen Einfluß auf den Ruhestand der Kirche, mit den einleuchtendesten Gründen.

Den 18. Wintermonat, langte hier der regierende Herzog von Sachsen-Weimar zu Pferd an. In seinem Begleit waren unter anderem auch der berühmte nach heutigem Geschmak gefällige Dichter Göhte aus Frankfurt der sich als Rath an des Herzogs Hof aufhält, und schon vor einichen Jahren, als er in Zürich war, in verschiedener hiesiger Gelehrter Umgang sich vergnügt hat. Der Herzog so wohl als dieser sein Gesellschafter brachten ihre meiste Zeit bey Herrn Caspar Lavater zu, wurden auch von Ihme immer vergesellschaftet, unterhalten und geleitet — Er schien die Vergnügen des bürgerlich häußlichen Lebens und den Genuß der Freundschaft kennen lernen, und kosten zu wollen und dieses zum Hauptzwek bey dieser seiner Schweizer-Reiß gemacht zu haben, er schien auch viel Freude an der ungekünstelten Natur, so wie man sie allermeist in der Schweiz noch findet, zuschöpfen. Er besuchte daneben den Ehrwürdigsten Graisen Bodmer, den Herr Salomon Geßner und andere hiesige Gelehrte, ließ sich auch verschiedene von den hiesigen sehenswürdigen Naturalien-Sammlungen weisen, sahe die Gemähld- und Kupferstich-Sammlungen mit besonderem Vergnügen, schafte sich von Kupferstichen hier auch eine beträchtliche Menge an. Er machte sodann verschiedene Besuche auf der Landschaft bey wohldenkenden Privaten, wolt auch den Kleinjogg in seiner Hauswirthschaft sehen, sich von dem stillen eingezogenen Privatleben eines Republikaners und eines freyen Bauren Begriff machen, und überhaupt das kennen lernen, was Fürsten von Seiner Geburt meistens übersehen und ihrer Kenntniß unwürdig glauben, und doch so menschlich ist. In seiner Lebensart war er hier einem Burger gleich, und zeichnete sich weder in Kleidung, nach Taffel noch Ehrannahm aus, daher er auch von männiglich unbemerkt in den 14 Tagen seines hiesigen Aufenthalts umhergieng und ganz in der Stille, wie er gekommen war, wieder abreiste.

Eine erneuerte Verordnung gegen das Werben in frömde Kriegsdienst wurde von UGHerrn den 17 November gutgefunden, ab den Kan-

Bericht über den Zürcher Besuch Carl Augusts und Goethes (1779) in Zürich war, in verschiedener hiesiger Gelehrter Umgang sich vergnügt hat. Der Hertzog so wohl als dieser sein Gesellschafter brachten ihre meiste Zeit bey Herrn Caspar Lavater zu, wurden auch von Ihme immer vergesellschaftet, unterhalten und geleitet. – Er schien die Vergnügen des bürgerlich häußlichen Lebens und den Genuß der Freundschaft kennen lernen, und kosten zu wollen und dieses zum Hauptzwek bey dieser seiner Schweizer-Reiß gemacht zu haben, er schien auch viel Freude an der ungekünstelten Natur, so wie man sie allermeist in der Schweiz nicht findet, zuschöpfen. Er besuchte daneben den Ehrwürdigsten Graisen Bodmer, den Herrn Salomon Geßner und andere hiesige Gelehrte (...) Er machte sodann verschiedene Besuche auf der Landschaft bey wohldenkenden Privaten, wolt auch den Kleinjogg in seiner Hauswirthschaft sehen, sich von dem stillen eingezogenen Privatleben eines Republikaners und eines freyen Bauren Begriff machen, und überhaupt das kennen lernen, was Fürsten von Seiner Geburt meistens übersehen und ihrer Kenntniß unwürdig glauben, und doch so menschlich ist.»[266]

Johann Jakob Bodmer im Schlafrock

Gerade dem Besuch Carl Augusts bei Lavater maß Goethe besondere Bedeutung bei: er versprach sich von seinem geistlichen Freund wohltätig-mäßigenden Einfluß auf den jungen Herrn, und dieser empfand denn auch Lavaters Gegenwart als «etwas gantz eigen Balsamisches; ich gebrauche ihrer soviel als nur immer möglich, so viel es seine Zeit zuläßt; im grunde ist ers alleine, der mich hier hält, denn mit sonst jemanden gehn wir garnicht um. Unsere Bekantschaften hier sind wirckl. sehr eingeschränckt; außer einigen Leuten, die Cabinetter von Gemählden, od. Naturalien besitzen, sonst haben wir niemanden kennen lernen als Bodmern, den Salomon Geßner, welchen ich ein paar male gesehn habe, u. den D. Hirtzel, nebst seinen, von ihm verschundenen, u. verzeichneten, sogenannten Philosophischen Bauer.»[267]

Im Gegensatz zu manch anderem ausländischem Besucher des «Philosophischen Bauern» Kleinjogg, zu dem man den Musterbauern stilisiert hatte, beurteilte ihn Carl August erstaunlich nüchtern. Vor allem bestand für ihn eine Diskrepanz zwischen Hans Caspar Hirzels Schrift «Die Wirtschaft des philosophischen Bauers» und diesem Bauern selbst: «Nichts ist doch abscheulicher als die Vergleichung zwischen Hirtzels Vorstellungsart des Klingjoggs, u. Kl.j. selber. Du kenst ihm selber, u. er hat dir, wie mir Lavater gesagt hat, wohl gethan. Er hat einen entsetzl. durchdringenden, wahren Verstandt, aber so viel mich dünckt nichts weniger als einen esprit raisonneux. Die tiefsten Gefühle, von gewissen Seiten, nehml. menschliche, besitz er in einen hohen Grad, aber komt man ihm mit einer od. der andern Art von untersuchen von Begriffen, so ist er nicht zu Hauß. Auch ist sein Verstand, u. Gefühl, so vortrefl. es seyn mag, bloß auf ein Wesen, u. Treiben u. Nothdurften eingeschränckt, u. ist wirckl. was man nennen kan: beschränckt; es ist also schwer, sich in die Vorstellungsart des D. Hirtzels zu setzen, u. Klingjoggen für einen Philosophen, u. Dencker anzusprechen, wie er es gethan hat; Hr. Hirtzel ist mir ein sehr wiedriger Mann.»[268]

Jakob Gujer, gen. Kleinjogg

Goethe war schon 1775 auf dem Hof gewesen und von Kleinjogg mit seinen Begleitern «herumgeführt» worden – «und am Tische unterhielten wir uns mit den weisen Reden dieses wackern Landmanns»[269], wie ein Beobachter der Szene berichtet. Doch «weise Reden» waren nicht unbedingt das, was die vier Ankömmlinge in Zürich und auf dem Land suchten. Vielmehr lockte sie der See zu einer Ausfahrt, die drei Tage später stattfand und auf welcher eines der berühmtesten Gedichte Goethes entstanden ist, das wir hier in seiner ursprünglichen Fassung[270] wiedergeben:

Auf dem See

Ich saug' an meiner Nabelschnur
Nun Nahrung aus der Welt.
Und herrlich rings ist die Natur,
Die mich am Busen hält.
Die Welle wieget unsern Kahn
Im Rudertakt hinauf,
Und Berge Wolken angetan
Entgegnen unserm Lauf.

Aug mein Aug, was sinkst du nieder?
Goldne Träume, kommt ihr wieder?
Weg, du Traum, so gold du bist,
Hier auch Lieb und Leben ist.
Auf der Welle blinken
Tausend schwebende Sterne,
Liebe Nebel trinken
Rings die türmende Ferne,
Morgenwind umflügelt
Die beschattete Bucht,
Und im See bespiegelt
Sich die reifende Frucht.

Lilli Schönemann aus Frankfurt, mit der sich Goethe gegen Ostern 1775 verlobt hatte. Im Oktober desselben Jahres wurde das Verlöbnis aufgelöst; dazwischen lag die erste Schweizer Reise, auf der es Goethe darauf ankam, «einen Versuch zu machen, ob ich Lili entbehren könne», wie er später in «Dichtung und Wahrheit» schrieb

Goethe selbst spricht vom «glänzenden Morgen» und «von jenen glücklichen Momenten»[271], in denen dieses Gedicht entstand: Reise- und Schaffensglück sind hier eins.

Neben ihm saßen im Kahn: «Lavater, Heß, der das Leben Jesu geschrieben hat; sein Schwager, ein herrlicher, junger Mann (...) und zwei Frankfurter, recht gute Leute. Wir ließen uns zwei Stunden weit auf dem See rudern, es war ganz stille, dann reizten uns die schönen Ufer zu sehr und wir beschlossen, zu gehen (...) Zu Mittag aßen wir bei einem Landpfarrer, der uns sehr liebreich empfing und uns der Milch, der Butter und des Kalbfleisches, wie Abraham, reichlich vorsetzte. Auch Kuchen und sehr schöne Kirschen. Von da gingen wir weiter, immer am See, niedliche Häuser lagen uns zur Rechten, Weinberge erhoben sich über die Häuser und über die Weinberge hohe Gebirge»[272], berichtet Friedrich Leopold Stolberg seiner Schwester. Abends war man in Richterswil, «wo wir an Doktor Hotz durch Lavater empfohlen waren. Er besaß als Arzt, als höchst verständiger, wohlwollender Mann ein ehrwürdiges Ansehn an seinem Orte und in der ganzen Gegend, und wir glauben sein Andenken nicht besser zu ehren, als wenn

Johannes Hotz aus Richterswil

wir auf eine Stelle in Lavaters Physiognomik hinweisen, die ihn bezeichnet.»[273] Goethe läßt es in «Dichtung und Wahrheit» bei diesem Hinweis bewenden, ohne die Stelle zu zitieren. Sie lautet: «Profil von einem trefflichen Landmann unsers Cantons. Der äußere Umriß, obgleich er viel verloren haben muß, ist eines würklich großen Mannes. Der innere Theil der Nase ist auf eine mit dem äußern kontrastierende Weise verkleinert. Im Aug' ist heiterer, edler, hinzielender, aber freyer Sinn, berathschlagende Güte. Die Wangen zu schlecht gezeichnet, um ein Urtheil darüber fällen zu dürfen. In dem Munde, und um den Mund herum natürliche Heiterkeit und wohlwollende Gutherzigkeit ohn'alle schlaffe Weichlichkeit. Auch gefällt mir der eckigte sichtbare Kiefer, wie er durch den Schatten in die Augen fällt; er hilft den Eindruck des Verstandes mit bestätigen, obgleich er der männlichen Festigkeit nicht ganz günstig ist.»[274] Diese Charakteristik des Johannes Hotze zeigt übrigens, wie Lavater sich «zur Beförderung der Menschenkenntnis und Menschenliebe» seinen Zeitgenossen mit geradezu entomologischer Neugier – physiognomisch faßbar in seiner eigenen spitzen Nase – näherte, jedes Detail ihrer Gesichtszüge untersuchend, oft auch die Regeln des Taktes verletzend. Wie hätte er sonst in seinem Kondolenzschreiben Schlosser beim Verlust seiner Gattin, Goethes Schwester Cornelia, fragen können: «Hast du keinen Gipsabguß von der Entschlafnen gemacht?»[275]

Anna Barbara («Bäbe») Schultheß, geb. Wolf

Wenn Goethe auch nur dreimal in die Schweiz reiste, wobei er 1797 ursprünglich vorgehabt hatte, nach Italien weiterzuziehen, so berührte er das Land noch ein viertes Mal, im Jahr 1788, auf der Rückkehr aus Italien. Wie er seinem Herzog am 23. Mai 1788 aus Mailand schreibt, hatte er vor, «über Chiavenna und Chur zu gehen, den Splügen zu versuchen, den Adula zu grüßen und dann ein wenig seitwärts nach Konstanz zu rücken. Dort wollen wir den 4. Juni eintreffen (...)».[276]

Am 3. Juni jenes Jahres rollte von Zürich eine Kutsche über Winterthur und Frauenfeld nach Konstanz und kam dort am 4. Juni zwischen 9 und 10 Uhr an. Es entstiegen ihr: Witwe Barbara Schultheß Wolf, begleitet von ihrer zweiten Tochter Döde und ihrem Neffen Heinrich Schinz. Alle drei wurden von Goethe herzlich begrüßt, der in Begleitung seines Musikerfreundes Philipp Christoph Kayser am Vorabend auf dem vorgesehenen Weg eingetroffen war und im «Adler» wohnte.

Überglücklich und etwas außer Atem berichtet Frau Schultheß nach Hause, in der Aufregung «Frauenfeld» statt «Konstanz» schreibend: «Frauenfeld. wir sind seit 9 Uhr schon hier Liebe bäben [ihre Tochter] – so schön wie erwartet. K. [Kayser] wird selbst ein Wort schreiben. G. [Goethe] grüßt dich sehr – die Zeichnung nahm er sehr gefällig und lieb auf – du kannst Samst. 1 Uhr mit der Schaffhauser Post schreiben – ich kann nicht mehr. Adieu ihr lieben zusammen – will dann mündlich erzählen – grüßt überall – Tante – Nanette».[277] Und Tochter Döde meldet geschwätzig: «Jezt wollt ich du wärest an meiner stelle Bäben es bessert jetzt, aber im anfang klopfte mir das Herz gewaltig. wir sind schon eine Stunde hier, Herr K. ist sehr freundlich und der andre ach den kan ich nicht genug ansehen so freundlich und artig ist er, wir trinken jezt ein thee miteinander auf unserm Zimmer das recht lustig ist es hat ein erkel wie im thalegg. Denk eben sagt Mamma es sey gut das ich braf schreibe, da sagt der Göthe schreiben sie auch meine empfelungen an ihre schwestern und K. deßgleichen; der Vetter hat auch die Augen ein wenig aufgethan das freute mich, jezt pakt der Vetter aus in seiner kammer und ich sollt mich ein wenig strelen [kämmen] und doch. Mamma pakt der fr. Meiß Porteret aus u. G. begukt er sehr begierig, jezt kommt der Vetter, der sich nicht wenig einbildet. gell das ist ein geschwäz ich will und muß hören [aufhören] Adieu denk doch allezeit an D.S.»[278] Goethe hatte Bäbe Schultheß im Juni 1775 in Zürich kennengelernt, wo sie zum Kreis um Lavater gehörte, der ihr den schönen Beinamen «Die Immergleiche» verlieh. Seither konnte er in Goethes Briefen immer wieder lesen: «Grüs Bäben» oder einmal, ganz vorwurfsvoll: «Bäbe kann sich auch wieder einmal erheben mir zu schreiben.»[279] Es scheint sich denn auch eine rege Korrespondenz entwickelt zu haben, von der allerdings nur Bruchstücke erhalten sind, da Goethe vor der Schweizer Reise von 1797 alle bis 1792 eingegangenen Briefe vernichtete. Neben Bäbes Briefen von November 1792 bis 1797, die er aufbewahrte, entging nur einer seinem Autodafé: ihr Schreiben vom 20. März 1788, in dem sie sich auf die Begegnung in Konstanz freut: «Wie leg ich Dir's dann itzt genug an's Hertz mich nicht warten zu lassen, auf die Nachricht, der wendung die Dein Schiksaal, des bleibens oder gehens wegen genommen – und, was dabey vor uns zu hoffen ist – ich mag nichts als hoffen! sollten die Träume die wachend und Schlafend so oft diese viele Monate durch Dich hinüber gezaubert haben – Traume bleiben – ich mag nichts als hoffen! und – sollte das weibchen umsonst so lang schon sich zersinnet haben, wie sie gefällig genug vor Dir Erscheinen wolle! Das kann nicht seyn. – –»[280]

Goethe wollte am Bodensee, wie er dem Herzog bekannte, «die gute Schultheß von Zürich treffen, welche ich sprechen und begrüßen muß, ohne den Kreis des Propheten zu berühren»[281], was der Prophet, nämlich Lavater, im Brief an einen Freund so kommentierte: «Dich wird es auch freuen, daß die Frau Schultheß, die nach Eßlingen reist, Goethe in Konstanz traf und ein paar Tage so harmlos wie möglich mit Tochter und Neveu ihn genoß»[282]. Die Unterhaltungen Goethes mit der Zürcher Freundin gingen, wie sie berichtet, «meistens um Kunst-Sachen, wo einem immer Lichter aufgesteckt werden, viel Neues und viel Altes gesagt wird, so vieles deutlich gemacht, davon der dunkle Begriff dalag, und so nun Genuß wird – der Rat gibt sich so viel Mühe, und läßt keinen Augenblick verloren gehen ...»[283] Offenbar hatte Goethe nach seinem langen Italienaufenthalt das Bedürfnis, der klugen Bäbe, die das Herz auf dem rechten Fleck hatte, beim «Gügeli und Däubli»-Schmaus[284] und beim Genuß von Butterbroten[285] von seinen Reiseerlebnissen und literarischen Arbeiten zu erzählen und wohl auch zu erfahren, was sich in Zürich alles zugetragen hatte.

Bäbe, die «Immergleiche», muß eine kluge Leserin seiner Werke gewesen sein. Goethe legte ihr in den Jahren ihrer Freundschaft wichtigste Arbeiten vor und ließ sie von ihr teilweise abschreiben. Daß sich so der «Urmeister» erhalten hat, ist Bäbe zu danken; er beschenkte sie auch mit der (in diesem Band abgebildeten) Handschrift des «Gesangs der Geister über den Wassern», sie durfte die erste Fassung der «Iphigenie» lesen, lernte «Tasso» als eine der ersten kennen – nebst «Egmont», den sie im Frühling 1788 aus Rom zugeschickt bekam und gewiß in Konstanz mit Goethe besprach[286]. Daß sie aus der Zeit vor der Italienischen Reise allein 64 Gedichte im Manuskript erhielt, deren Titel sie sorgsam in einer Liste verzeichnete[287], spricht ebenso für Goethes Vertrauen zu ihr, wie anderseits ihre Äußerung über «Hermann und Dorothea» zeigt, mit welch sicherem Instinkt sie urteilte: «Dein Hermann macht mir große freüde ist's einem doch der alte Homer lebe unter uns – und Erzähle geschichten unsrer Tage – – – werden wir wohl weiter von dir hören wann du kommst? –»[288] Drei Tage später, am 13. Oktober 1797 erhielt die 53jährige, von Schicksalsschlägen in der Familie hart heimgesuchte Bäbe von Goethe das folgende Gedicht[289]:

Schweizeralpe

War doch gestern dein Haupt noch so braun wie die Locke der Lieben,
  Deren holdes Gebild still aus der Ferne mir winkt;
Silbergrau bezeichnet dir früh der Schnee nun die Gipfel,
  Der sich in stürmender Nacht dir um den Scheitel ergoß.
Jugend, ach! ist dem Alter so nah, durchs Leben verbunden,
  Wie ein beweglicher Traum Gestern und Heute verband.

Nur noch «ein beweglicher Traum» sollte, nach Goethes Abreise aus Zürich am 26. Oktober, auch ihre Freundschaft sein: nie sahen sie sich wieder.

Am 21. September 1797 war Goethe «zu Schiffe, bei heiterm Wetter, den See hinaufwärts» gefahren und wurde mit Meyer «von Herrn Escher zu Mittag auf seinem Gute bei Herrliberg am See, sehr freundlich bewirtet» und gelangte «abends nach Stäfa»[290]. Herr Escher war der Besitzer eines der schönsten Landgüter am Zürichsee, der am rechten Ufer gelegenen «Schipf», zu der ein eigener Festsaalbau mit prächtigen Kachelöfen und einer Hausorgel gehört. Der Zürcher Dichter Conrad Ferdinand Meyer hat Escher noch gekannt und berichtet: «Als mich der greise Escher einst durch den Schipfsaal führte, erzählte er mir, Goethe habe – zu Ende des vorigen Jahrhunderts – auf einem Besuche in der Schipf, von seinem Freunde Meyer, dem ‹Kunschtmeyer›, wie ihn später die Weimarer hießen, gebracht, diesen Saal, in dessen Hintergrund er eine Orgel erblickte, mit den lustigen Worten: ‹Hier muß man tanzen› betreten und

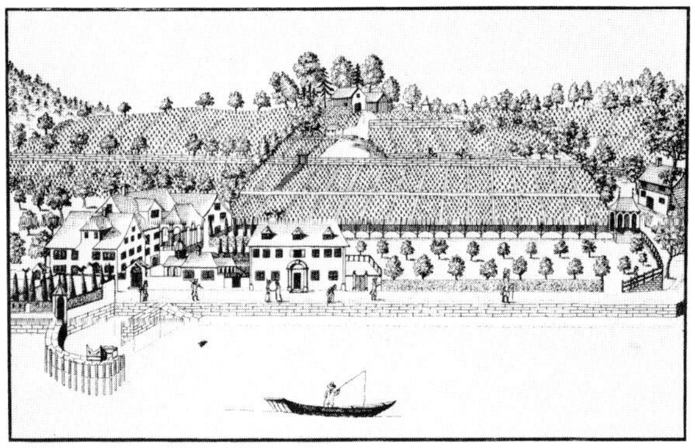

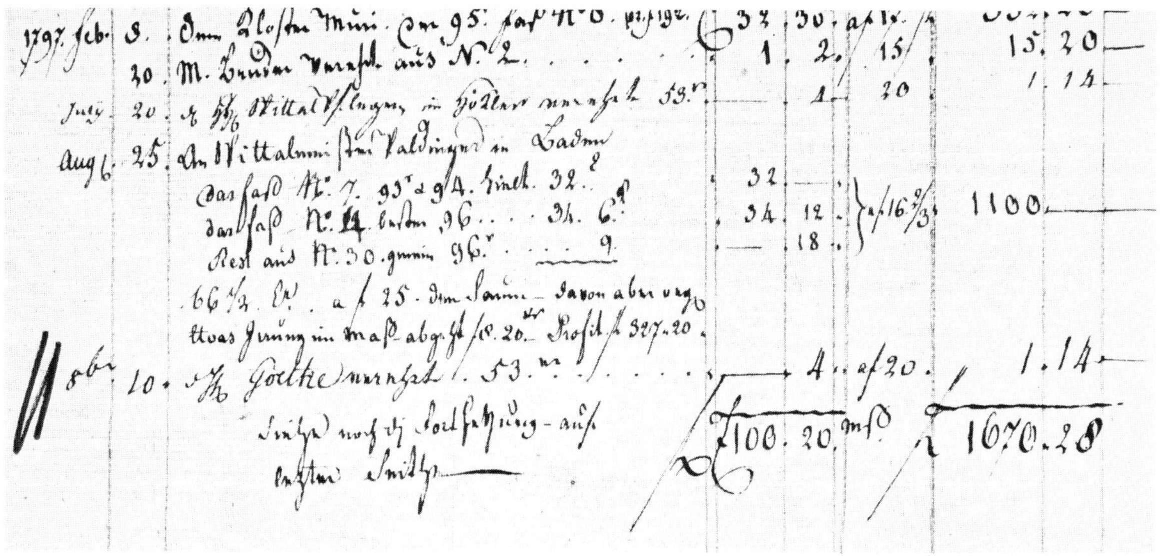

Die «Schipf» bei Herrliberg am Zürichsee und Ausschnitt aus der Gutsrechnung mit Erwähnung des am 10. 10. 1797 an Goethe nach Stäfa gelieferten Weines vom Jahrgang 1753

dann den ganzen großen Raum im Tanzschritte durchmessen.»[291] Offenbar blieb es nicht bei dieser Aufforderung zum Tanz, denn Diener Geist, spielkundiger als sein Herr, setzte sich an die Orgel, improvisierte mit den anwesenden jungen Leuten – es war Weinlese – ein Tänzchen und vermeldet: «ich spielte ihnen meine Tänze und sie mir die ihrigen.»[292]

Johann Heinrich Meyer

Der «Schipf»-Herr Escher scheint sich mit Goethe gut verstanden zu haben. Am 10. Oktober ließ er ihm nach Stäfa in die «Alte Krone» 4 Maß «Schipf»-Wein senden[293], und zwar 1753er, vom Jahrgang, der dem geheimrätlichen am nächsten war. Dabei saß Goethe im großväterlichen Haus des «Kunschtmeyer» an einer Quelle: die «Alte Krone» war ein renommiertes Gasthaus und barg im gewölbten Untergeschoß gewiß einen stattlichen Weinkeller – neben der Badstube, von der wir nicht wissen, ob Goethe sie, sich etwa mit Meyer über ästhetische Fragen unterhaltend, benützte. Goethe hatte Johann Heinrich Meyer am 3. November 1786 in Rom kennengelernt: «ein kleiner, bescheidener (…) Mann»[294] mit umfassenden Kenntnissen der Kunstgeschichte. 1791 wurde Meyer durch Goethes Vermittlung als Lehrer ans Weimarer Kunstinstitut berufen und ging, wie er selbst erzählt, «1795 zu Ende des Jahres zum zweytenmahl nach Italien und sah freylich nun klarer; was vorhin rätselhaft schien, dünkte mich jetzt verständlich, ich war wiederum fleißig, theils als Künstler, theils als Beobachter zur Kenntniß der Künste»[295]. Auf der Rückkehr aus dem Süden wohnte er, im Herbst 1797, in Stäfa, und Goethe war sein Gast bis zum 26. Oktober, dem Tag, da sie gemeinsam nach Weimar heimfuhren. Der Dichter hing mit großer Treue an seinem Berater in künstlerischen Fragen und schrieb ihm einmal: «Daß wir uns gefunden haben ist eines von den glücklichsten Ereignissen meines Lebens, ich wünsche nur daß wir lange zusammen auf diesem Erdenrunde bleiben mögen (…)»[296]. Meyer gehörte denn auch zu jenen nächsten Freunden Goethes, die ihn nicht lange überleben konnten: der Musiker Carl Friedrich Zelter folgte dem am 22. März 1832 Entschlafenen am 15. Mai, Johann Heinrich Meyer am 11. Oktober desselben Jahres.

Der «Kunschtmeyer» wird herkömmlicherweise als Vertreter einer bläßlich-klassizistischen Ästhetik angesehen, für den neben der Antike und der italienischen Renaissance vor allem die Werke von Poussin, Claude Lorrain oder Anton Raphael Mengs nebst den theoretischen Schriften Winckelmanns maßgeblich gewesen sind. Und doch widmet Meyer einem aus Zürich stammenden Maler, der wie wenig Zeitgenossen die «Walpurgis-Nachtseite» des menschlichen Lebens darzustellen vermochte, folgende Sätze: «[Er] benutzte den mächtigen Stil der Formen des Michelangelo, das Gewaltsame in dessen Stellungen, zur Darstellung von Schreckensszenen, Gespenstern, Hexen und dergleichen, womit er in England, ja in ganz Europa auf einige Zeit vielen Beifall erlangte; seine Erfindungen sind außerordentlich und überraschen, auch gelang ihm die Anordnung der Gruppen nicht selten vortrefflich. Indessen können selbst seine Bewunderer nicht leugnen, daß er überhaupt manieriert und was den Ausdruck betrifft sehr oft karikaturmäßig ist.»[297] Gerade begeistert klingt dieses Urteil über Johann Heinrich Füßli, gen. Fuseli, zwar nicht – aber von meyerischer Beschränktheit zu reden wäre doch ungerecht.

Erinnerungstafel an der «Alten Krone» in Stäfa, gestiftet vom Schweiz. Spinner-, Weber- und Zwirnerverein

Goethe selbst hat sich mehrmals über Füßlis Kunst geäußert – deutlich von Meyer beeinflußt. Im «Historischen Teil» der Farbenlehre bemerkt er, seine Worte ähnlich abwägend wie der Schweizer Freund: «Heinrich Füßli, Schweizer von Geburt, der aber in England lebt und

Titania liebkost Zettel mit dem Eselskopf – Gemälde von Johann Heinrich Füßli (1793/94)

sich für England gebildet hat, ein bekannter und berühmter Maler von Schreckenszenen, bedient sich, dem Charakter seiner Darstellung gemäß, eines kräftigen, oft sogar düstern Kolorits und gesättigter ernster Farben. Unter die vorzüglichen Koloristen mag er zwar nicht gerechnet werden; doch pflegt er auch den Regeln des Kolorits sowie der guten Harmonie nicht zuwider zu handeln.»[298] Goethe hatte in Zürich schon 1779 «einige Fueslische Gemählde und Skizzen erwischt, über die ihr erschröcken werdet»[299] – wie er an Knebel schreibt –, und die er 44 Jahre später, am Silvesterabend 1823, Eckermann zeigte: dieser fand sie «merkwürdig».[300] Auch 1797 wurde ein Füßli-Bild besichtigt: das heute noch im Zürcher Rathaus hängende Gemälde mit den drei Eidgenossen, welche die Schwurfinger sowie ein Schwert zum Himmel recken, von Meyer in einer Skizze festgehalten. Nach Weimar zurückgekehrt, gab Goethe dann im Dezember «ein allerliebstes Diner, sehr nett, ohne Überladung, legte alles selbst vor, und so gewandt, daß er immer dazwischen noch Zeit fand, uns irgend ein schönes Bild mit Worten hinzustellen (er beschrieb zum Beispiel ein Bild von Füßli aus dem Sommernachtstraum, wo die Elfenkönigin Zetteln mit dem Eselskopf liebkoset) oder sonst hübsche Sachen zu sagen»[301], wobei ihn wohl Shakespeares Erfindung noch mehr beeindruckte als Füßlis Darstellung der Zettel-Szene.

Ein Gemälde ganz anderer Art bot sich seinen Augen, wenn er auf den Balkon der «Alten Krone» in Stäfa trat: «Links die Straße durchs Ort, an der andern Seite derselben mit Mauer erhöhter Weingarten und Brunnen, weiter in eine artige Hecke eingezäunte Besitztümer, Feld mit gelben Rüben, ein größeres mit weißen Rüben; keimende neue Saat, bestellte Flecke, umgegrabene Flecke, schwarzer Boden, Rübenfeld. Häuser zwischen Baumstücken am Fuße der Hügel, Wiesenflecken, Weinberge den Hügel hinauf, oberwärts neue Anlagen geteilter Gemeingüter und besser benutzter Privatgüter. Ostwärts Kirchenhügel, mit Wein, Feldbau, Fruchtbäumen, Häusern und der Kirche. Im Hintergrund kahle Berge um den Walensee. Rechte Seite der Straße. Hausgarten, Weingarten des Nachbars, Haus des Nachbars, das die Aussicht unterbricht, weiter rechts südwärts hinter dem Hausgarten und Weingarten des Nachbars gegen Mittag und Südwest ununterbrochene Wiesen, dicht mit Fruchtbäumen besetzt, bis an den See hinunter. Die Fläche des Sees und das jenseitige Ufer, heitere Ortschaften daran hingezogen und bis an die steilern Höhen die Abhänge soviel als möglich genutzt. Wenn man mit dem Perspektiv die Flächen durchläuft, so ist es eine unendliche Welt, die man übersieht. Im Süden zeigen sich die Gipfel der Berge bei Einsiedeln und Schwyz, jetzt schon stark beschneit, da die ganze untere Landschaft noch vollkommen grün ist, und kaum einige Bäume durch rot' und braune Tinten das Alter des Jahres verkündigen. Was man sonst von Ökonomen wünschen hört, das sieht man hier vor Augen, den höchsten Grad von Kultur, mit einer gewissen mäßigen Wohlhabenheit. Man kann wohl sagen: es ist keine Hütte hier am Ort, alles Häuser und meist große Gebäude, die aber anzeigen, daß ein Landwirt darinnen wohnt.»[302]

Ausschnitt aus einer bestickten Damenmanschette (ca. 1760/70)

Auch hier war, wie in Herrliberg, Weinlese, «und ich wollte wohl, daß Du mit dem Kleinen auch daran Theil nehmen könntest»[303], schreibt er am 13. Oktober 1797 an Christiane und erzählt ihr vier Tage später von sechs schönen «Proben von gesticktem Musselin (...), leider aber werden sie nicht, wie die andern, hier gemacht, und die Fabriken sind über 14 Stunden abgelegen»[304]. Den Erzeugnissen von Stäfa und aus der Zürcher Landschaft zog er aus St. Gallen

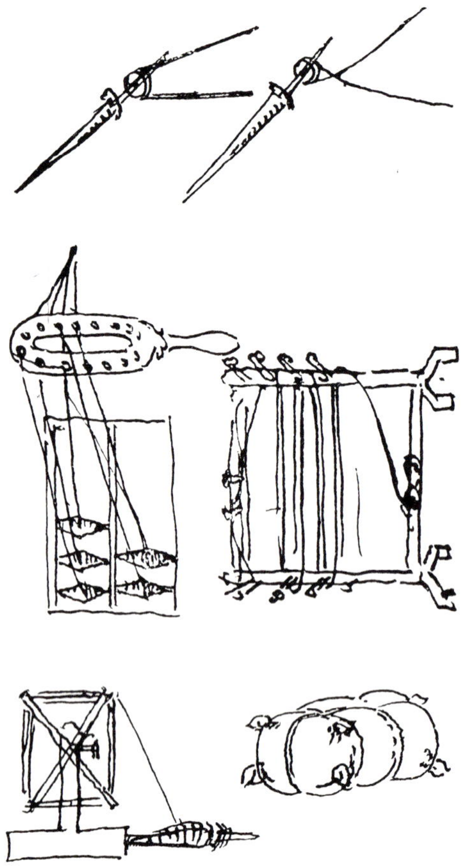

Illustrationen Heinrich Meyers zum Textilwesen der zürcherischen Landschaft

stammende oder dort zumindest bestickte Stoffe vor und ließ es nicht bei «Proben» bewenden, sondern kaufte nebst einigen «Tüchern um den Hals» auch ein Kleid für die Zuhausegebliebene: «Alles zusammen ist nach der neusten Mode, besonders ist Dein Kleid sehr schön, es ist aber auch nicht wohlfeil. Ich habe es noch nicht, denn ich habe es nach dem Muster aus der ersten Hand gekauft und erwarte es von Sanct-Gallen, wo die Fabrik ist. Bei den Mustern that einem die Wahl weh, aber Meyer und ich waren doch zuletzt einig.»[305]

Wenn er von Textilien sprach, so wußte er sehr wohl Bescheid: «Feine Musseline» z.B. «werden naß gewebt, nämlich der Strang des Einschlagegarns wird in Leimwasser getaucht, noch naß auf die kleinen Spulen gewunden und sogleich verarbeitet, wodurch sich das Gewebe gleicher schlagen läßt und klarer erscheint»[306]. Was hier – in «Wilhelm Meisters Wanderjahren» – so fachmännisch beschrieben wird, neben vielem anderem aus dem Gebiet der Textilherstellung und des Garn- und Stoffhandels, hatte ihm der Freund Meyer im Jahre 1810 zugespielt. Er wurde denn auch gelobt «für die fortgesetzte technische Beschreibung»[307] und erhielt von Goethe wenig danach folgenden Bericht: «Ich habe diese Tage nach Ihrer Anleitung die Baumwolle gut studiert und suche nun einen hinlänglichen realen Zettel zu einem poetischen Einschlag vorzubereiten. Sollten Ihnen noch irgend locale, individuelle, persönliche Züge einfallen, deren Ihr Aufsatz sehr schöne enthält, so beschenken Sie mich damit. Ihr Garnhändler zum Exempel ist eine treffliche Person, die mir sehr zu Statten kommt.»[308] Wenn darum im «Wilhelm Meister» von «Rädligarn» und «Briefgarn» die Rede ist oder von schnurrenden Rädern und Haspeln, so hat man dies Meyers Bericht zu verdanken. Wie der Garnträger «den Spinnern Baumwolle in kleinen Partien» bringt und «dagegen Garn»[309] eintauscht, so lieferte Meyer dem Dichter textilkundliches Wissen, das dieser in die Handlung seines Romans verwob.

Schon früher einmal hatte er im Xenion «Der treue Spiegel»[310] Meyers Sachkunde und Genauigkeit gelobt:

> «Reiner Bach, du entstellst nicht den Kiesel, du bringst ihn dem Auge
> Näher; so seh ich die Welt, *** [Meyer], wenn du sie beschreibst.»

Mit Treue und in dichterisch-reiner Sprache beschrieb Meyer denn auch die abendliche Heimfahrt eines Marktschiffes auf dem Zürichsee, die Goethe so gefiel, daß er sie – lediglich um das (hier kursiv gesetzte) Wörtchen «kaum» ergänzt – in seine «Wanderjahre» aufnahm: «Es ist ein erfreuliches schönes Schauspiel um die Fahrt auf dem See, wenn der Spiegel desselben mit den anliegenden Gebirgen vom Abendrot erleuchtet sich warm und allmählich tiefer und tiefer schattiert, die Sterne sichtbar werden, die Abendbetglocken sich hören lassen, in den Dörfern am Ufer sich Lichter entzünden, im Wasser widerscheinend, dann der Mond aufgeht und seinen Schimmer über die *kaum* bewegte Fläche streut. Das reiche Gelände flieht vorüber, Dorf um Dorf, Gehöft nach Gehöft bleiben zurück, endlich in die Nähe der Heimat gekommen wird in ein Horn gestoßen und sogleich sieht man im Berg hier und dort Lichter erscheinen, die sich nach dem Ufer herab bewegen, ein jedes Haus das einen Angehörigen im Schiffe hat sendet jemanden um das Gepäck tragen zu helfen.»[311]

«Eine ungeheure Erscheinung»: der Rheinfall bei Schaffhausen

Rheinfall. Ausschnitt aus einem Gemälde von Johann K. Kuster (1747–1818)

«Früh acht Uhr»[312] verließ Goethe, von Meyer und Geist begleitet, am 26. Oktober 1797 die Stadt Zürich, die er damit zum letzten Male sah. Die kleine Gesellschaft erreichte um elf Uhr Bülach, um Mittag Eglisau – zwei Orte in der zürcherischen Landschaft, die Goethe schon auf der Herreise berührt hatte. Im altehrwürdigen Gasthof «Zum goldenen Kopf» in Bülach war er am 19. September zum Mittagessen abgestiegen und hatte sich besonders mit den farbigen Wappenscheiben des Hauses befaßt, meinte aber: «Nichts Neues als das schon Bekannte». Allerdings: «Eine Scheibe mit dem doppelten Wappen der Stadt Schaffhausen, über dem der kaiserliche Adler in einem Schilde steht, ist fürtrefflich gemacht, und an der Krone ist der herrlichen Zieraten kein Ende.»[313] Der kaiserliche Adler kam schon ein Jahr später, in der Franzosenzeit, abhanden; die Musen dagegen, die sich im Deckengemälde mit Hermes und Saturn um Apoll scharen, beleben auch heute noch das sogenannte «Goethestübli». Ihnen schenkte der Dichter, des Mythologisch-Allegorischen von barocker Art längst entwöhnt, vielleicht einen kurzen Blick, aber kein Wort – so wenig wie er davon spricht, daß der Bülacher Gasthof denselben Namen trug wie ein ihm wohlbekanntes Geschäftshaus in seiner Vaterstadt: im Frankfurter «Goldenen Kopf» hatte immerhin die hübsche Maxe von La Roche als zweite Gattin des Handelsherrn Peter Anton Brentano Einzug gehalten, deren «schwärzeste Augen»[314] es Goethe so angetan hatten, daß er seiner Lotte im «Werther» dunkle Augen gab.

Im Rheinstädtchen Eglisau war er dann seinem letzten großen Naturerlebnis auf Schweizer Gebiet schon nahe: dem Rheinfall. «Reinlichkeit und Zierlichkeit» der Brücke von Eglisau hatte er bereits auf dem Weg nach Zürich besonders angemerkt und wohlgefällig notiert: «Ein paar Mädchen von zwölf bis vierzehn Jahren saßen am Zoll in einem artigen Kabinette und nahmen das Weggeld ein. Die jüngere nahm das Geld und überreichte den Zettel, indes die ältere Buch hielt»[315]. Auf der Rückfahrt von Zürich speiste er mit Meyer und Geist im Eglisauer Gasthof «Zum Hirsch» und schrieb: «Aussicht auf den Rhein. Ab um halb zwei.

Götter- und Musenhimmel an der Decke des «Goethestübli» in Bülachs «Goldenem Kopf»

Goethes Pantoffeln mit arabischem Namenszug «Suleika». Geschenk der Freundin Marianne von Willemer an den Dichter zur «Divan»-Zeit. Die Schuhe wanderten aus Weimar nach Schönenwerd in die Schweiz und kamen im Bally-Schuhmuseum zur Ruhe

Dunkler Streif zwischen den Regenbogen sehr sichtbar. Mistsotte auf die Saat gegossen. Vom Wege herab nach dem Rheinfall gegangen. Dämmrung; böser Fußweg nach Schaffhausen»[316]. Dort bot der, in Eglisau bereits wieder gemächlich daherfließende, Rhein das folgende Schauspiel, das Goethe als ein elementares Geschehen von «entsetzlicher Gewalt» auf allen drei Schweizer Reisen in seinen Bann zog:

«Der Sturz war zu seinem Vorteil und Nachteil von der Abendsonne grade beleuchtet; das Grün der tieferen Strömungen war lebhaft, wie heute früh, der Purpur aber des Schaumes und Staubes viel lebhafter. Wir fuhren näher an ihn hinan; es ist ein herrlicher Anblick, aber man fühlt wohl, daß man keinen Kampf mit diesem Ungeheuer bestehen kann.

Wir bestiegen wieder das kleine Gerüst, und es war eben wieder als wenn man das Schauspiel zum erstenmal sähe. In dem ungeheuern Gewühle war das Farbenspiel herrlich. Von dem großen überströmten Felsen schien sich der Regenbogen immerfort herabzuwälzen, indem er in dem Dunst des herunterstürzenden Schaumes entstand. Die untergehende Sonne färbt einen Teil der beweglichen Massen gelb, in tiefen Strömungen erschienen Grün, und aller Schaum und Dunst war licht purpur gefärbt; auf allen Tiefen und Höhen erwartete man die Entwicklung eines neuen Regenbogens. Herrlicher war das Farbenspiel in dem Augenblick der sinkenden Sonne, aber auch alle Bewegung schien schneller, wilder und sprühender zu werden. Leichte Windstöße kräuseln lebhafter die Säume des stürzenden Schaums, Dunst schien mit Dunst gewaltsamer zu kämpfen, und indem die ungeheure Erscheinung immer sich selbst gleich blieb, fürchtete der Zuschauer dem Übermaß zu unterliegen und erwartete als Mensch jeden Augenblick eine Katastrophe.»[317]

Wenn hier der Rheinfall als ein Ereignis von dramatischer Wucht seine Zuschauer zu überwältigen droht, so saß neben Goethe einer, der sozusagen das Satyrspiel zum Drama schrieb und der hier das letzte Wort haben soll: Geist, der Diener. Er verfaßte folgendes Gedicht:

Geschichtliches

Im Jahr Siebzehn Hundert Neunzig und Sieben
Saß, wie mir ist im Gedächtnis geblieben,
  Ein ehrlicher Schweitzer in samt'nem Rock,
  Am Rheinfall auf einem hölzernen Block.
Goethe, der hier war, das Wunder zu schauen,
Sprach mit dem Schweitzer in vollem Vertrauen:
  «Hör, lieber Alter! das sage ich Dir,
  Halt gut in Ordnung den Rheinfall mir!»[318]

Anhang

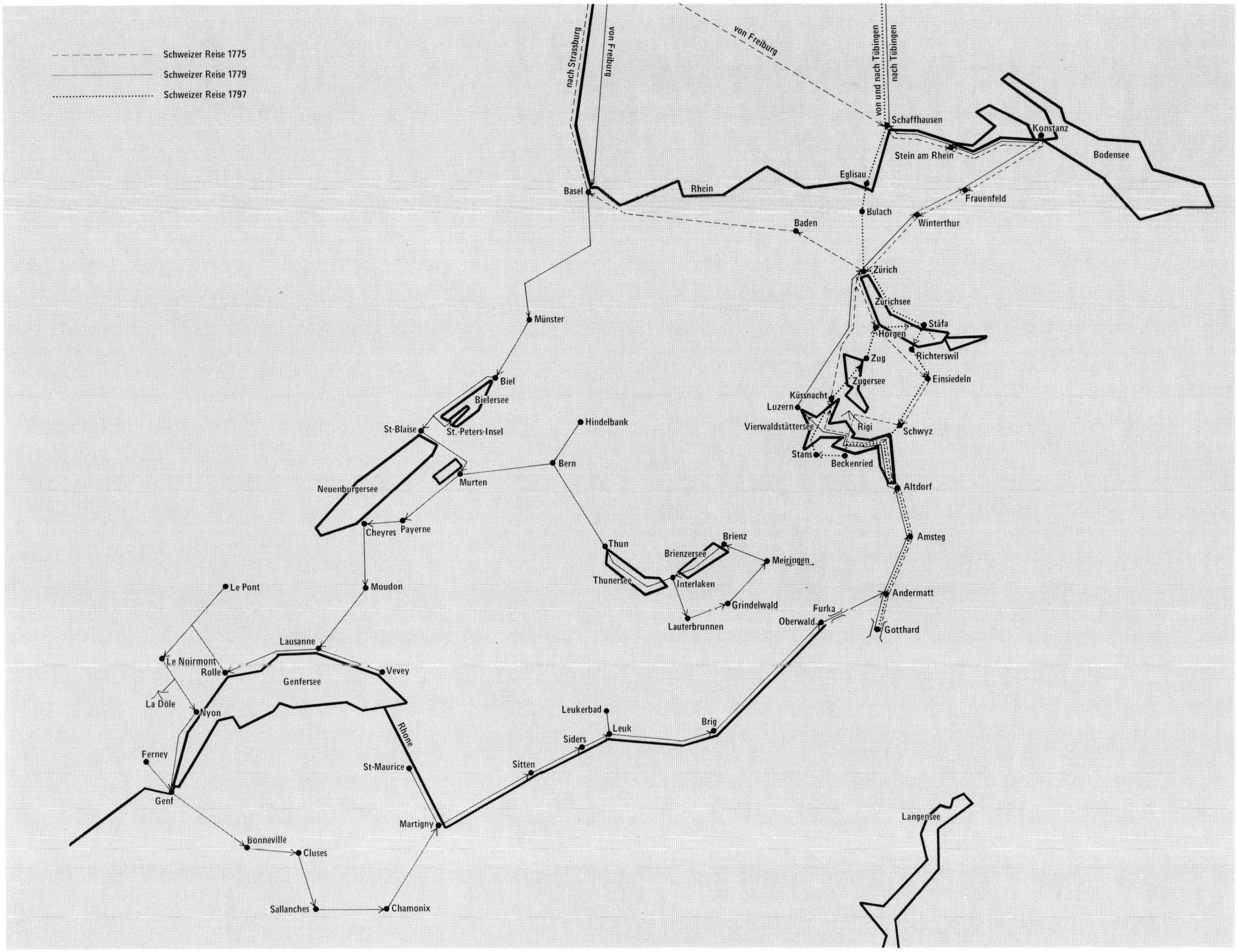

Vereinfachte Darstellung von Goethes Reiserouten

Die gütige und die harte Schweiz

Wer heute eine Schweizer Reise macht, wird die «harte Schweiz» – ein 1940 von Emil Egli geprägter Begriff – kaum noch finden können. Indessen spricht vieles dafür, daß es eben diese harte, wilde, unwirtliche Schweiz, die große und oft feindselige Landschaft war, die Goethe vor 200 Jahren, als junger Mann von Dreißig, auf der verschneiten Furka und auf dem kalten Gotthard suchte. Heutzutage kann man sich bei einer Fahrt über den Gotthard oder die Furka nur mit angestrengter Phantasie vorstellen, wie der Weimaraner sich fortbewegt hat: ähnlich wie die Nord- und Südpolsucher eineinhalb Jahrhunderte später.

Ich machte mir, als ich mit dem Auto à tout confort auf der Furka angelangt war, fast vorwurfsvoll bewußt, wieviel mehr Goethe hatte leisten und riskieren müssen, um diese ungewöhnlichen Blicke zu genießen, die für ihn vielleicht, durch die momentanen Strapazen geschmälert, erst in der Vergangenheit lebendig wurden. Denn mit dem Durchkommen und Überleben war Goethe auf der Furka in einem Maße beschäftigt, daß man heute ein so gefahrvolles Reiseunternehmen als unverantwortlich bezeichnen würde. Für mich, den Flachlandbewohner, haben diese Gebirgsgegenden mit ihren ungeheuren in die Höhe ragenden und Schlünde öffnenden Massen etwas Bedrohliches; und die immer weniger Zeit beanspruchende Fahrt, hinauf zum Gotthard-Hospiz, empfinde ich gerade der Bequemlichkeit wegen als etwas Unnatürliches.

Diese Bilder sollen einen Blick auf Goethes Schweiz mit den Augen von heute, von denen man die Kamera kaum noch trennen kann, öffnen. Das Buch enthält auch einige Details, Örtlichkeiten und Dinge, die Goethe hat sehen können, jedoch nicht in seinen Aufzeichnungen erwähnt hat, wie z. B. den Brunnen an der Obergasse in Biel, der direkt vor den Fenstern seines damaligen Hotels liegt. Sie zeigen die Schweiz von ehedem, die Schweiz der Goethezeit, und deshalb verdienen sie auch Beachtung; besonders deshalb, weil sich im heutigen Erscheinungsbild der Schweiz das Intaktgebliebene mit sehr Modernem in merkwürdiger Weise verbindet, wie z. B. im schönen Zürich. Ich habe daher eine Totalansicht der Stadt Thun, die zu vieles gezeigt hätte, was Goethe noch nicht hat sehen können, durch ein Bild von Spiez ersetzt, da in Spiez das Ufer des Thuner Sees sich noch in etwa in dem Zustand befindet wie zur Goethezeit.

Die Photographie, die Sprache der Bilder, hat eine andere Syntax und Grammatik als die der gesprochenen und geschriebenen Worte. Die Probleme des Umsetzens von der einen in die andere sind denen der Übersetzung von einer isolierenden in eine agglutinierende Sprache vergleichbar. Nicht alle Beschreibungen Goethes sind direkt und in idealer Weise – wie etwa beim Lac Brenet – in ein Bild übersetzbar. Das Ergebnis sind in der Regel Assoziationen von Worten und Bildern, von Eindrücken der Jahre 1775, 1779, 1797 und der Jahre 1976 bis 1979.

Die Photographie ermöglicht dem Leser hier eine direkte Begegnung mit dem Original, d. h. mit dem, was Goethe und seine Reisebegleiter beschrieben und erwähnt haben, und sie erspart dem Leser die Arbeit der Rückübersetzung von Worten in eigene Bilder.

Daß die Schweiz, für Goethe wie für uns heute, ein unverwechselbarer Begriff für eine bestimmte Landschaftsform sowie für eine ihr angepaßte Lebensweise und Kultur ist, versteht man nicht, wenn man die Autobahn von Zürich nach Basel befährt, aber man begreift es, wenn man ins Goms fährt oder wie Goethe auf die Dent de Vaulion, von der aus Blicke in die weite Ferne der Berner Alpen wie auf grüne Matten und freundliche Kühe in greifbarer Nähe möglich sind. Als ich im Herbst 1978, der ein besonders goldener war, wieder einmal dort oben stand, nahm ich mir vor, langsamer zu arbeiten, um diese köstlichen Momente recht lange auskosten zu können. Wenn Arbeit schieres Vergnügen sein kann, dann war sie es damals und dort.

Die Arbeit an diesem Buch fiel mir im ganzen um so leichter, als ich mich auf die Erfahrungen stützen konnte, die ich zuvor mit den Aufnahmen für «Auf Goethes Spuren» gemacht hatte. Allerdings modifizierte ich mein damaliges Konzept und paßte es den Bedingungen der Schweiz an. Keines der Bilder wurde den technischen Möglichkeiten der Kamera und ihrer Ausrüstung zuliebe gemacht, was vielleicht im einen oder andern Fall so scheinen könnte.

Den Einsatz ungewöhnlicher Mittel begründe ich stets aus dem Gegenstand. Die Kamera sieht anders als das bloße Auge. Sie muß akzentuieren, wo das Auge schweift. Nur eine überlange Brennweite war geeignet, den Blick von der Dent de Vaulion auf die Berner Alpen – in einer Entfernung von immerhin 125 km, bei ungewöhnlich klarer Sicht – zu fixieren. Mit dem bloßen Auge darüber hinwandernd, nimmt man das Ungewöhnliche vielleicht achtlos zur Kenntnis und stellt die Entfernung mit einem Blick auf die Landkarte fest.

Zu Beginn meiner Arbeit kam es mir manchmal so vor, als ob in der Schweiz photographische Entdeckungen gar nicht mehr möglich wären, als sei alles schon zu Postkarte und Fotobuch verarbeitet worden, als gäbe es jedes Bild bereits – wie alte und müde Photographen zu sagen pflegen. In Goethes Begleitung jedoch gelang es mir, verbrauchte Sehweisen und Motive zu meiden, die Schweiz neu zu sehen und neu wiederzugeben. Die Vermutung traf zu, daß die Postkarten und Bildbände sich meist ähneln und ihre Autoren wenn nicht voneinander abschreiben, so doch abgucken und viel Interessantes einfach übersehen. Ich habe mich bemüht, vom Klischee der ewig himmelblauen Postkarten-Schweiz, die durch das Wort «Heidiland» am treffendsten bezeichnet wird, abzuweichen. Meine Äußerung über Postkarten klingt möglicherweise verächtlicher, als ich sie wirklich meine: die Postkartenphotographen sind nämlich die raren Dokumentaristen unter den Photographen; heute vielleicht mehr denn je. Aber Goethes Bild der Schweiz ist eben nicht dem Postkartensujet von heute, das ja ein speziell-allgemeines Publikum hat, gleichzustellen. Daß ich Bildern der düster-verhangenen Schweiz gern den Vorzug gebe, läßt auf meine Herkunft von der Waterkant schließen. Von Touristen wird diese Art Schweiz als für Ferienaufenthalte wenig attraktiv oder gar «untypisch» abgelehnt, was aber keineswegs zutrifft. Auch habe ich nicht mehr, wie bei meinem vorangehenden Bildband «Auf Goethes Spuren», zu verbergen versucht, daß Goethes Blick auf die Schweiz 200 Jahre später mit der Kameraperfektion unseres Jahrhunderts nachvollzogen wird. Das allgegenwärtige Auto habe ich nach Möglichkeit verbannt und nur im Bilde belassen, wenn es nicht anders ging. Es kam meinen Absichten sehr entgegen, diese Bilder vorwiegend für ein schweizerisches Publikum zu machen, das die Standardphotos zur Genüge kennt und deshalb von diesem Buch mehr erwartet.

Die Photographie ist eine Kunst der Interpretation, und jeder Photograph interpretiert die Welt immer wieder neu. Das ist der schöpferische Prozeß dieser Kunst. Man ist als Bildermacher gut beraten, wenn man die Grenze der Interpretation erkennt und sich frei macht, das voll zu nutzen, was sie umschließt: denn das ist unendlich viel. Große Interpreten, das zeigt die Geschichte der Musik, waren nicht zugleich die großen Komponisten und umgekehrt. Das gilt auch für die Photographie, nur daß man erweiternd sagen müßte: Sie erfindet, indem sie interpretiert, wobei Interpretation nicht etwa als leidenschaftslose, unkreative Arbeit klassifiziert werden darf. Sie steht dem Erfinden an Leidenschaft kaum nach. Die Erfindungen der Photographie sind Erfindungen der Interpretation: die Photographie erfindet die Welt nicht, sie arbeitet mit dem Vorgefundenen. Die derzeitige Kunstphotographie, die sich bezeichnenderweise «Primärfotografie» nennt und keine Gegenstände, keine raison d'être außer sich selbst mehr kennen will, gelangt nur zu surrealistischen Neuaufgüssen. Die Photographie, die sich zu ihrem Gegenstand und damit zu ihren Grenzen bekennt, ist am Attribut «Kunst» nicht interessiert. Nur «wenn der Künstler einen echten Gegenstand hat, so kann er etwas Echtes machen» (Goethe im Tagebuch der Italienischen Reise, 5. Okt. 1786). Der Verlust der Mitte hat nun auch die Photographie erfaßt, und es ist merkwürdig, daß dieser Verlust gar als Gewinn, als Bereicherung und neue Möglichkeit empfunden wird. Zwischen den ersten und letzten Aufnahmen dieses Buches liegen drei Jahre. Eine gute Reifezeit, wie für einen Schweizer Weißwein.

Das Engagement des Autors allein genügte nicht, um die Vollendung dieses Werkes in der vorliegenden Form zu ermöglichen, sondern es brauchte auch die unterstützende Anteilnahme des Verlegers und seiner Mitarbeiter. Sie hatten mit dem Buch vielleicht mehr Arbeit als ich, und dafür danke ich ihnen. Und die zahlreichen freundlichen Begegnungen im Lande sind unvergessen. Ich möchte hier nicht unerwähnt lassen, daß meine Begegnungen mit der Schweiz eine sentimentale Wiederbegegnung sind. Ich habe 1947 und 1948 den Vorzug genossen, in der Schweiz, in Burgdorf, zu leben. Manch einer aus der Nachkriegsgeneration wird nachfühlen können, was es bedeutete, damals aus dem Chaos in ein heiles Land zu kommen. Ich habe diese Zeit nicht vergessen. Es kam mir bei meinen späteren Reisen in die Schweiz daher so vor, als kehre ich in eine Heimat zurück. Auch ein Beleg dafür, wie unklar für uns Deutsche der Begriff Heimat geworden ist.

Zur Technik: Leica M 4 und Leicaflex SL 2 mit Objektiven von 19 bis 400 mm. Hervorzuheben sind besonders das Apo-Telyt 180/3,5 und das Noctilux 50/1,2. Filme: Kodak Panatomic X und Tri X sowie Kodachrome 64 und Ektachrome EPD 200. Vergrößerungen auf Agfa Record Rapid Papier. Gerät: Leitz V 35.

Michael Ruetz, Mai 1979

Literatur

Goethe und die Schweiz

Mit Goethe durch die Schweiz. Ein Wanderbuch, hg. und eingeleitet von Eugenie *Benisch-Darlang,* Wien 1913

Die Schweiz, wie Goethe sie sah. Eine Bildersammlung etc. mit einer Einführung von Wilhelm *Bode,* Basel 1922

Wilhelm *Bode:* Goethes Schweizer Reisen, Basel 1922

Gottfried *Bohnenblust:* Goethe und die Schweiz, Frauenfeld/Leipzig 1932

Fritz *Ernst:* Goethes Schweizerlektüre. Olten 1945

Goethe in der Schweiz. Eine Studie zu Goethes Leben von J. *Herzfelder,* Leipzig 1891

Goethes Schweizer Reise 1775. Zeichnungen und Niederschriften, hg. von Karl *Koetschau* und Max *Morris,* Weimar 1907

Fritz *Strich:* Goethe und die Schweiz. Zürich 1949

Goethes Schweizerreise, hg. von H. *Wahl,* Gotha 1921

Goethe und einzelne Landesteile

Texte Goethes über seine Reisen in *Uri,* von den Altdorfer Sekundarlehrern/Goethes Wanderungen zum Gotthard, von Barbara Schnyder-Seidel/Goethe in Uri aus der Sicht der Literaturkritik, von Felix Aschwanden. In: Historisches Neujahrsblatt zum zweihundertjährigen Jubiläum der ersten Begegnung J.W. Goethes mit Uri, hg. vom Verein für Geschichte und Altertümer von Uri, 1975/1976

Lucien Lathion: Chateaubriand et Goethe en *Valais,* Sierre 1944

Henri Perrochon: Goethe et le pays de *Vaud,* in: Revue historique Vaudoise, Lausanne 1933

Friedrich Zollinger. Goethe in *Zürich,* Zürich 1932

Hermann Gattiker: Goethe in der obern *Zürichseegegend,* Zürich, Leipzig und Stuttgart 1933

Zeitgenössische Reiseberichte

Reise von fünf Zürchern über die Berge Gothard, Furca, Gemmi und Brünig im Heumonat Anni 1763, in: Zürcher Taschenbuch auf das Jahr 1911, Zürich 1911

Eine Schweizerreise aus dem Jahre 1773 (von Rudolph Schinz). In: Zürcher Taschenbuch auf das Jahr 1892, Zürich 1892

Briefe aus der Schweiz nach Hannover geschrieben (von J. G. R. Andreae), Zürich und Winterthur 1776

Briefe die Schweiz betreffend, von C. C. L. Hirschfeld, Leipzig 1776

Reisen durch die merkwürdigsten Gegenden Helvetiens (von G. S. Gruner), London [?] 1778

Voyage historique et littéraire dans la Suisse occidentale (von J. R. Sinner), Neuchâtel 1781

Beyträge zur nähern Kenntniß des Schweizerlandes, von Hs. Rudolf Schinz, Zürich 1783

Reisen durch die merkwürdigsten Alpen des Schweizerlandes, von Jakob Samuel Wyttenbach, Bern 1783

Reise durch einige Cantone der Eidgenossenschaft. Von Johann Michael Afsprung, Leipzig 1784

G. K. Ch. Storr: Alpenreise, Leipzig 1784

Erzählung von einer gesellschaftlichen Reise durch einen Theil der Schweiz etc. von Samuel Gottlieb Bürde, Breslau 1785

Briefe eines Sachsen aus der Schweiz an seinen Freund in Leipzig (von K. G. Küttner), Leipzig 1785

Tagebuch einer Reise durch die Schweitz, von der Verfasserin von Rosaliens Briefen (= Sophie von La Roche), Altenburg 1787

Christoph Meiners: Briefe über die Schweiz, Berlin 1788

Tagbücher seiner Rayßen etc. vom Herzog Carl Eugen selbsten geschrieben [1783–1791], hg. von R. Uhland, Tübingen 1968

Travels in Switzerland etc. in a series of letters to William Melmoth, Esq. from William Coxe, Second edition, London 1791

Literatur zum Thema «Schweizerreisen»

Geschichte des Reisens in der Schweiz. Eine culturgeschichtliche Studie von Gustav Peyer, Basel 1885

Schweizerreisen deutscher Dichter in der zweiten Hälfte des 18. Jahrhunderts, in: Jahrbuch des Schweizer Alpenclub 48, Bern 1913

Anmerkungen zum Haupttext

Es werden folgende Abkürzungen verwendet:

AGA = Artemis Gedenkausgabe der Werke, Briefe und Gespräche, hg. von Ernst Beutler, Zürich 1948–1960. Die Ausgabe wird jeweils mit Bandnummer und Seitenzahl zitiert.

BS 79 (und Datum) = Briefe aus der Schweiz 1779. In: AGA 12, S. 9–66

DuW = Dichtung und Wahrheit. In: AGA 10

RS 97 (und Datum) = Reise in die Schweiz 1797. In: AGA 12, S. 69–235

Der Baslerstab, ein feines Privathaus und Götzens eiserne Hand

1 AGA 10, 515 (DuW III/11) **2** AGA 19, 317 (an Christiane, 30. 10. 1797) **3** Morris, Der junge Goethe, Band 5, Leipzig 1911, S. 261 **4** W. Fr. Tschudin, The ancient paper mills of Basle and their marks, Hilversum 1958, Nr. 356 **5** Koetschau/Morris, Goethes Schweizer Reise 1775, Weimar 1907 **6** AGA 13, 485 (Philipp Hackert/Donna Giulia Falconieri) **7** W. Andreas, Die Kosten der Schweizerreise Goethes und Carl Augusts von Weimar (1779). In: Zs. für schweiz. Geschichte 1951, S. 77 ff. **8** H. Chr. Ackermann, Wohnen im Hause zum «Kirschgarten» in Basel, Basel 1976, S. 3 **9** Basler Jahrbuch 1943, S. 147 **10** Briefe eines Sachsen aus der Schweiz, Leipzig 1786, Band 3, S. 196 **11** AGA 18, 455 (an Merck, 17. 10. 1779) **12** L. H. Wüthrich, Christian von Mechel, Basel und Stuttgart 1956 **13** vgl. Goethes Eintrag in Mechels Stammbuch (Schweizer Privatbesitz)

«Zug durch die Enge...»

14 Weimarer Ausgabe, 4. Abt., Bd. 4, S. 69 ff. (an C. v. Stein, 3. 10. 1779) **15** vgl. Helmuth Wolff, Wie Goethe reiste, in Wissenschaftliche Zeitschrift der Martin-Luther-Universität Halle-Wittenberg Jg. V, H. 6, S. 967 ff. **16** Philippe Pierrhumbert, Moutier à travers les âges

Auf Rousseaus Spuren

17 AGA 18, 449 (an C. v. Stein, 9.–14. 10. 1779) **18** AGA 18, 455 (an Merck, 17. 10. 1779) **19** Gottlieb Sigmund Gruner, Reisen durch die merkwürdigsten Gegenden Helvetiens, Erster Theil, London 1778, S. 24 **20** AGA 17, 73 (Geschichte meines botanischen Studiums) **21** Zehn botanische Lehrbriefe für eine Freundin von Jean-Jacques Rousseau. Hg. und übers. von Ruth Schneebeli-Graf, Frankfurt 1979 **22** AGA 18, 456 (an Merck, 17. 10. 1779)

«...ein Stükgen Hinterschädel von den Burgundern...»

23 AGA 18, 448 (an C. v. Stein, 9.–14. 10. 1779) **24** Albrecht von Hallers Gedichte, hg. und eingel. von L. Hirzel, Frauenfeld 1882, S. 203 f. **25** Schriften von Friedrich von Matthisson, Zweyter Band, Zürich 1825, S. 488 f. **26** Christoph Meiners, Briefe über die Schweiz, Zweyter Theil, Berlin 1788, S. 212 f. **27** Byron in seinen Briefen und Tagebüchern, dargestellt von Cordula Gigon, Zürich und Stuttgart 1963, S. 332 **28** AGA 23, 308 (zu F. v. Müller, 2. 10. 1823)

Bern oder «die schönste, die wir gesehen haben...»

29 AGA 18, 448 (an C. v. Stein, 9.–14. 10. 1779) **30** AGA 18, 454 (an C. v. Stein, 16. 10. 1779) **31** AGA 18, 448 (an C. v. Stein, 9.–14. 10. 1779) **32** vgl. Richard Feller, Geschichte Berns, Band III, Bern und Frankfurt a. M. 1974, S. 493, 495, 497, 498, 499 **33** AGA 18, 456 (an Merck, 17. 10. 1779) **34** Briefe des Herzogs Karl August an die Herzogin Louise von der Schweizerreise, mitgeteilt von Hans Wahl, Jahrbuch der Goethe-Gesellschaft 11 (1925), S. 116 **35** Briefe aus der Schweiz nach Hannover geschrieben, in dem Jahre 1763 (von Johann Gerhard Reinhard Andreae), Zürich und Winterthur 1776, S. 186 **36** vgl. Systematisches Verzeichniß der Schweizerischen Vögel, welche im Museum der Stadt Bern aufgestellt sind, hg. von Fr. Meisner, Bern 1824 **37** AGA 10, 644 (DuW III/13) **38** Wir benützten das Exemplar der Stadt- und Universitätsbibliothek Bern **39** «Les Malheurs...»: «Avertissement» **40** a. a. O.: «Personnages» **41** a. a. O.: «Personnages» **42** a. a. O., S. 27 **43** vgl.: Adolf Burri, Johann Rudolf Sinner von Ballaigues, Diss., Bern 1912/«Die Leiden des jungen Werthers» und «Les Malheurs de l'amour». Ein Beitrag zur Beat-Ludwig-Walthard-Forschung von Adolf Burri, Bern. In: Der Berner Verleger Beat Ludwig Walthard 1743–1802, Bern 1919. Neben einer Briefstelle von J. J. Bodmer, welche die Autorschaft Sinners bezeugt, gibt folgendes zeitgenössisches Zitat einen gleichgerichteten Hinweis: «Unter den Bernern, die hier [in Schinznach] waren, sah ich unter andern Herrn Tscharner, Verfasser einer guten helvetischen Geschichte, und den Herrn Bibliothekar Sinner. Dieser letztere ist Verfasser des kleinen dramatischen Stücks «les malheurs de l'amour» nach Werther, welches er vermuthlich zum Spaße schrieb» (in: Briefe eines Sachsen aus der Schweiz an seinen Freund in Leipzig, Leipzig 1785, Band 1, S. 95/96). **44** vgl. die in Anm. 34 genannte Quelle, S. 116 **45** vgl. Briefe des Herzogs Carl August an Karl Ferdinand von Sinner in Bern, mitget. von Ludwig Hirzel, Weimar 1890 **46** AGA 11, 619 (Annalen, bis 1780) **47** vgl. die in Anm. 45 genannte Quelle, S. 11 **48** vgl. die in Anm. 34 genannte Quelle, S. 116 **49** vgl. Pestalozzi, Werke, hg. von G. Cepl-Kaufmann und M. Windfuhr, Band I, München 1977, S. 880 **50** AGA 18, 456 (an Merck, 17. 10. 1779)

Ein denkwürdiges Grabmal

51 AGA 18, 456 (an Merck, 17. 10. 1779) **52** Weimarer Ausgabe, 4. Abt., Bd. 4, S. 91 (an C. v. Stein, 20.–27. 10. 1779) **53** vgl. die in Anm. 34 genannte Quelle, S. 117 **54** vgl. die in Anm. 35 genannte Quelle, S. 192 **55** AGA 11,

696 (Annalen, 1801) **56** Goethes Gespräche, Biedermann-Herwigsche Ausgabe, Band III/2, Zürich und Stuttgart 1972, S. 289 **57** AGA 3, 299 (Divan/Selige Sehnsucht) **58** AGA 18, 605 (an C. v. Stein, 2. 7. 1781)

Der Docktor mit den hellen, scharfen Augen

59 vgl. die in Anm. 56 genannte Quelle, Band III/1, S. 112/113 **60** Weimarer Ausgabe, 4. Abt., Bd. 4, S. 90 f. (an C. v. Stein, 20.–27. 10. 1779) **61** a. a. O. **62** vgl. die in Anm. 34 genannte Quelle, S. 116 **63** vgl. Marta Meyer-Salzmann, Michel Schüppach, der Wunderdoktor, Burgdorfer Jahrbuch 1965, S. 24 **64** vgl. H. Rordorf, Ordinationsbücher und das Manual von Michel Schüppbach, chirurgus von Langnau, in: Pharmaceutica Acta Helvetiae 5, 1934 **65** vgl. die in Anm. 34 genannte Quelle, S. 117 **66** vgl. Travels in Switzerland..., letters... from William Coxe, Band II, London 1791, S. 330

Die «merckwürdige Tour durch die Bernischen Glätscher»

67 AGA 18, 448 (an C. v. Stein, 9.–14. 10. 1779) **68** vgl. die in Anm. 34 genannte Quelle, S. 114 **69** AGA 18, 447 (an C. v. Stein, 9.–14. 10. 1779) **70** AGA 1, 306 (Vermischte Gedichte) **71** Als Faksimiledruck mit Transkription erschienen im Artemis Verlag, Zürich 1979 **72** AGA 18, 445 f. (an Merck, 17. 10. 1779) **73** AGA 18, 449 (an C. v. Stein, 9.–14. 10. 1779) **74** vgl. die in Anm. 34 genannte Quelle, S. 115 **75** AGA 18, 451 (an C. v. Stein, 11.–15. 10. 1779) **76** AGA 18, 452 (an C. v. Stein, 11.–15. 10. 1779) **77** AGA 8, 257 (Wanderjahre II/7) **78** AGA 8, 255 (a. a. O.) **79** AGA 8, 256 f. (a. a. O.) **80** vgl. den geistreichen Nachweis von Hans-J. Weitz, Ein Schweizer Maler bei Goethe, Zürich und Bern 1978 **81** Weimarer Ausgabe, 4. Abt., Bd. 44, S. 224 (an Meyer, 25. 7. 1828)

«Die Schweizer tracktiren so etwas wie die Schweine...»

82 Weimarer Ausgabe, 4. Abt., Band 4, S. 91 (an C. v. Stein, 20.–27. 10. 1779) **83** a. a. O., S. 90 **84** a. a. O., S. 91 **85** vgl. F. Kuenlin, Dictionnaire géographique, statistique et historique du Canton de Fribourg, Fribourg 1832, S. 114 f. **86** Weimarer Ausgabe, 4. Abt., Band 4, S. 91 (an C. v. Stein, 20.–27. 10. 1779) **87** s. Anm. 85 **88** Weimarer Ausgabe, 4. Abt., Band 4, S. 92 (an C. v. Stein, 20.–27. 10. 1779)

Eine geistreiche Sirene am Genfersee

89 AGA 18, 458 f. (an Lavater, 28./29. 10. 1779) **90** Weimarer Ausgabe, 4. Abt., Bd. 4, S. 92 (an C. v. Stein, 20.–27. 10. 1779) **91** vgl. W. Rimpau, Frau von Branconi, Wernigerode 1900 **92** AGA 18, 452 (an C. v. Stein, 11.–15. 10. 1779) **93** Homers Werke. Aus dem Griechischen übersetzt von dem Dichter der Noachide. Zweyter Band, Zürich 1778, S. 156 **94** AGA 18, 459 (an Lavater, 28./29. 10. 1779) **95** Weimarer Ausgabe, 4. Abt., Bd. 4, S. 275 (an Lavater, 28. 8. 1780) **96** Rimpau, a. a. O., S. 64 **97** Weimarer Ausgabe, 4. Abt., Bd. 4, S. 92 (an C. v. Stein, 20.–27. 10. 1779) **98** AGA 18, 519 (an C. v. Stein, 6. 9. 1780) **99** AGA 18, 276 (an Lavater, 31. 7. 1775) **100** Goethes Gespräche, Biedermann-Herwigsche Ausgabe, Band I, Zürich und Stuttgart 1965, S. 278 ff. **101** a. a. O.

«Es sind keine Worte für die Größe und Schöne dieses Anbliks...»

102 AGA 10, 606 (DuW III/12) **103** AGA 5, 184 (Faust I, vs. 1336) **104** AGA 24, 489 (zu Eckermann, 27. 3. 1831) **105** Weimarer Ausgabe, 4. Abt., Bd. 4, S. 99 ff. (an C. v. Stein, 28. 10. 1779) **106** vgl. Hermann Bräuning-Oktavio, Mit Goethe und Herzog Carl August von Sachsen-Weimar 1779 im Waadtländischen Jura, in: Goethe-Jahrbuch Bd. 90, 1973, S. 281–286 **107** Weimarer Ausgabe, 4. Abt., Bd. 4, S. 95 (an C. v. Stein, 20.–27. 10. 1779) **108** a. a. O., S. 101 ff. **109** zit. bei: Willy Andreas, Carl August von Weimar über seine Schweizer Reise mit Goethe (1779). Nach Tagebuchblättern und Briefen des Herzogs, in: Schweiz. Beiträge zur allgemeinen Geschichte 6, 1948, S. 99 **110** Weimarer Ausgabe, 4. Abt., Bd. 4, S. 104 (an C. v. Stein, 28. 10. 1779) **111** a. a. O., S. 107 ff. **112** a. a. O., S. 110

Genf: «interessante Personen und Sachen» – und doch wenig Behagen

113 Weimarer Ausgabe, 4. Abt., Bd. 4, S. 117 (an C. v. Stein, 2. 11. 1779) **114** a. a. O. **115** a. a. O., S. 118 **116** AGA 18, 460 (an C. v. Stein, 13. 11. 1779) **117** in: Briefe des Herzogs Karl August von Sachsen-Weimar-Eisenach an Knebel und Herder. Hg. von H. Düntzer, Leipzig 1883, S. 5 **118** a. a. O., S. 21 **119** AGA 9, 492 und 496 (Briefe aus der Schweiz) **120** AGA 5, 217 (Faust I, vs. 2429) **121** vgl. die in Anm. 34 genannte Quelle, S. 133 **122** Schriften von Friedrich von Matthisson, sechster Band, Zürich 1825, S. 126 **123** AGA 12, 21 (BS 79, 3. 11.) **124** a. a. O. **125** AGA 23, 712 (zu F. v. Müller, 28. 6. 1830) **126** AGA 17, 93 (Geschichte meines botanischen Studiums) **127** vgl. die in Anm. 34 genannte Quelle, S. 133 **128** a. a. O., S. 135 **129** Weimarer Ausgabe, 4. Abt., Bd. 4, S. 122 (an C. v. Stein, Mitte November 1779) **130** AGA 22, 130 (Wieland, April 1780)

Aus freundlicher Landschaft in eisige Höhen: der Marsch auf die Furka

131 Weimarer Ausgabe, 4. Abt., Band 4, S. 123 (an C. v. Stein, Mitte November 1779) **132** a. a. O., S. 125 (a. a. O.) **133** a. a. O., S. 125 f. (a. a. O.) **134** a. a. O., S. 126 (a. a. O.) **135** a. a. O., S. 127 ff. (a. a. O.) **136** a. a. O., S. 129 (a. a. O.) **137** a. a. O., S. 130 f. (a. a. O.) **138** a. a. O., S. 132 (a. a. O.) **139** a. a. O., S. 132 f. (a. a. O.) **140** a. a. O., S. 134 f. (a. a. O.) **141** a. a. O., S. 136 f. (a. a. O.) **142** a. a. O., S. 137 (a. a. O.) **143** a. a. O., S. 93 (an C. v. Stein, 20.–27. 10. 1779) **144** J. J. Rousseau: Julie oder die neue Héloise. In der Übertragung von J. G. Gellius, überarbeitet und ergänzt von D. Leube. München 1978, S. 76 f. **145** AGA 12, 32 (BS 79, 6. 11.) **146** a. a. O., S. 34 **147** AGA 5, 294 (Faust II, vs. 4715 ff.) **148** Hans Wahl: Carl Augusts Tagebuch, eine «Quelle» zu Goethes «Briefen aus der Schweiz». In: Funde und Forschungen. Eine Festgabe für Julius Wahle. Leipzig 1921, S. 182 f. **149** AGA 12, 37 f. (BS 79, 8. 11.) **150** Eine Schweizerreise aus dem Jahre 1773 (unternommen von Rudolph Schinz). In: Zürcher Taschenbuch auf das Jahr 1892. Zürich 1892, S. 214 f. **151** vgl. die in Anm. 148 genannte Quelle, S. 183 **152** a. a. O., S. 184 **153** AGA 12, 39 (BS 79, 9. 11.) **154** vgl. die in Anm. 148 genannte Quelle, S. 184 f. **155** a. a. O., S. 185 f. **156** AGA 12, S. 43 (BS 79, 10. 11.) **157** AGA 12, S. 46 (a. a. O.) **158** AGA 12, S. 49 (BS 79, 11. 11.) **159** a. a. O., S. 49 (a. a. O.) **160** a. a. O., S. 52 (a. a. O.) **161** a. a. O., S. 54 (BS 79, 12. 11.) **162** a. a. O., S. 55 ff. (a. a. O.) **163** a. a. O., S. 57 ff. (a. a. O.) **164** a. a. O., S. 59 (a. a. O.)

Der Gotthard – «Gipfel unserer Reise» – und der Abstieg nach Altdorf

165 AGA 12, 62 (BS 79, 13. 11.) **166** AGA 10, 810 ff. (DuW IV/19) **167** AGA 12, 203 (RS 97, 3. 10.) **168** vgl. die in Anm. 35 genannte Quelle, S. 125 **169** K. F. von Knebel's literarischer Nachlaß und Briefwechsel, 3. Band, Leipzig 1836, S. 131 **170** Tagbücher seiner Rayßen... vom Herzog Carl Eugen selbsten geschrieben..., hg. von R. Uhland, Tübingen 1968, S. 104 **171** abgedruckt in der in Anm. 35 genannten Quelle, S. 115 ff. **172** a. a. O., S. 116 **173** G. K. Ch. Storr, Alpenreise vom Jahre 1781, 1. Teil, Leipzig 1784, S. 55 **174** vgl. die in Anm. 148 genannte Quelle, S. 190 **175** vgl. die in Anm. 117 genannte Quelle, S. 12 **176** vgl. die in Anm. 35 genannte Quelle, S. 112 **177** a. a. O., S. 112 **178** Beyträge zur nähern Kenntnis des Schweizerlandes. Von Hs. Rudolf Schinz, 1. Heft, Zürich 1783, S. 59 **179** Reise von fünf Zürchern... im Heumonat Anni 1763, von Hans Rudolf Schinz. In: Zürcher Taschenbuch auf das Jahr 1911, S. 173 **180** vgl. die in Anm. 169 genannte Quelle, S. 129 **181** Eine Schweizerreise aus dem Jahre 1773. In: Zürcher Taschenbuch auf das Jahr 1892, S. 264 **182** AGA 10, 809 (DuW IV/19) **183** W. Schleif, Goethes Diener, Berlin und Weimar 1965, S. 141 **184** AGA 4, 986 (Tagebuch, 21. 6. 1775) **185** abgedruckt in: Die Entdekkung der Alpen, hg. von R. Weiss, Frauenfeld und Leipzig 1934, S. 125 **186** AGA 10, 810 (DuW IV/19) **187** AGA 1, 111 (Balladen/Mignon) **188** vgl. die in Anm. 169 genannte Quelle, S. 125 **189** AGA 12, 202 (RS 97, 3. 10.) **190** AGA 10, 807 (DuW IV/18) **191** vgl. die in Anm. 35 genannte Quelle, S. 304 **192** AGA 12, 204 (RS 97, 4. 10.) **193** AGA 12, 204 (RS 97, 5. 10.) **194** AGA 12, 199 (RS 97, 30. 9.) **195** AGA 12, 199 (a. a. O.) **196** vgl. die in Anm. 35 genannte Quelle, S. 100 **197** vgl. die in Anm. 26 genannte Quelle, 1. Teil, S. 151 **198** vgl. die in Anm. 173 genannte Quelle, S. 39

«Nun wie ist denn dir, alter Tell? Du siehst nicht frisch drein...»

199 AGA 6, 922 (Jery und Bätely) **200** AGA 11, 620 (Annalen, bis 1780) **201** AGA 10, 812 (DuW IV/19) **202** AGA 4, 985 (Tagebuch vom 19. 6. 1775) **203** Tagebuch vom 30. September 1797 **204** AGA 5, 293 (Faust II, vs. 4695 ff.) **205** AGA 11, 667 (Annalen, 1797) **206** AGA 12, 212 (RS 97, 9. 10.) **207** AGA 11, 742 f. (Annalen, 1804) **208** a. a. O., 743 **209** AGA 24, 633 f. (zu Eckermann, 6. 5. 1827) **210** AGA 3, 719 (Maskenzug 1818/Inhalt) **211** vgl. die in Anm. 183 genannte Quelle, S. 87 **212** vgl. die in Anm. 148 genannte Quelle, S. 191 **213** AGA 6, 741 (Die Aufgeregten, 4. Aufzug) **214** vgl. dazu: Lukas Heinrich Wüthrich, Christian von Mechel, Leben und Werk, Basel und Stuttgart 1956, S. 188 f. **215** AGA 18, 588 (an Lavater, 7. 5. 1781) **216** vgl.: Tagebuch einer Reise durch die Schweitz, von der Verfasserin von Rosaliens Briefen (= Sophie von La Roche), Altenburg 1787, S. 133 **217** AGA 12, 208 f. (RS 97, 7. 10.) **218** AGA 12, 207 (RS 97, 6. 10.)

Das «Kunststück des Generals Pfeifer» in Luzern

219 AGA 18, 499 (an Knebel, 4. 6. 1780) **220** Briefe des Herzogs Carl August von Sachsen-Weimar an seine Mutter, die Herzogin Anna Amalia, Oktober 1774 bis Januar 1807. Hg. von Alfred Bergmann. Jena 1938, S. 30 **221** vgl. P. X. Weber, Franz Ludwig Pfyffer von Wyer. In: Geschichtsfreund 67, Stans 1912. Albert E. Schubiger, Das Relief der Urschweiz des Generalleutnants Franz Ludwig Pfyffer von Wyer und seine Stellung in der Geschichte der Topographie. Ansprache anläßlich der Eröffnung der neuen Reliefhalle im Gletschergarten Luzern, 2. Juli 1960 **222** vgl. AGA 11, 34 ff. (Ital. Reise I, 14. 9. 1786) **223** Reise in Deutschland, der Schweiz, Italien und Sicilien. Von Friedrich Leopold Graf zu Stolberg. Band I, Mainz 1877, S. 88 **224** vgl. die in Anm. 213 genannte Quelle, S. 136 **225** Gottfried Bohnenblust, Goethe und die Schweiz, Frauenfeld/Leipzig 1932, S. 53

Gemalte Fensterscheiben, kunstvolle Münzen und ein unvergeßliches Bild

226 AGA 12, 209 (RS 97, 7. 10.) **227** AGA 4, 985 (Tagebuch vom 17. 6. 1775) **228** AGA 12, 210 (RS 97, 7. 10.) **229** AGA 12, 152 (RS 97, 11. 9.) **230** AGA 12, 181 (RS 97, 19. 9.) **231** AGA 12, 195 (RS 97, 29. 9.) **232** AGA 1, 569

(Parabolisch/1) **233** Band II der Hamburger Ausgabe von Goethes Briefen in 4 Bänden, Hamburg 1964, S. 490 f. **234** AGA 18, 498 (an Knebel, 4. 6. 1780) **235** Kurze Erklärung der Medaillen des Ritters Hedlinger (...). Nebst einer zuverlässigen Nachricht von seinem Leben. Nürnberg 1780, S. 17 **236** vgl. die in Anm. 169 genannte Quelle, S. 118 **237** Johann Heinrich Meyer, Geschichte der Kunst. Hg. von H. Holtzhauer und R. Schlichting (= Schriften der Goethe-Gesellschaft Bd. 60), Weimar 1974, S. 293 **238** Tagebuch vom 29. September 1797 **239** a. a. O. **240** P. Rudolf Henggeler OSB, Das Stift Einsiedeln und die französische Revolution. Ein Beitrag zur Einsiedler Klostergeschichte von 1790–1808. Einsiedeln 1924, S. 6 ff. **241** AGA 10, 803 (DuW IV/18) **242** Hamburger Ausgabe von Goethes Werken in 14 Bänden, Band 10, Hamburg 1959, S. 640

«In Zürich selbst kann ich mir keine Existenz denken...»

243 AGA 12, 173 (RS 97, 17. 9.) **244** AGA 20, 440 (an Schiller, 14. 10. 1797) **245** zit. nach: Zürich überhaupt...! Hg. von H. Schumacher, Zürich 1970, S. 120. Die Äußerung stammt von Ewald v. Kleist **246** Goethe und Lavater. Briefe und Tagebücher. Hg. von H. Funck. Weimar 1901 (= Schriften der Goethe-Gesellschaft, 16. Band), S. 126 **246** a. a. O. **247** AGA 10, 798 f. (DuW IV/18) **248** Friedrich Leopold Graf zu Stolberg, Briefe, hg. von J. Behrens, Neumünster 1966, S. 48 **249** AGA 10, 794 (DuW IV/18) **250** vgl. die in Anm. 246 genannte Quelle, S. 17 f. **251** AGA 18, 458 (an Lavater, 28./29. 10. 1779) **252** AGA 5, 367 (Faust II, vs. 7096 f.) **253** Tagebuch vom 20. September 1797 **254** AGA 10, 664 (DuW III/14) **255** a. a. O. **256** AGA 10, 663 (DuW III/14) **257** vgl. die in Anm. 246 genannte Quelle, S. 211 **258** a. a. O., S. 212 **259** a. a. O., S. 212 **260** AGA 5, 278 (Faust I, vs. 4323 ff.) **261** Anton Kippenberg: Goethe, Dittmar und Lavater. In: Jahrbuch der Sammlung Kippenberg 10, Leipzig 1935, S. 144, wo auch unsere Abbildung zu finden ist. **262** Weimarer Ausgabe, 1. Abt., Bd. 27, S. 389 **263** vgl. die in Anm. 246 genannte Quelle, S. 119 **264** a. a. O. **265** vgl. die in Anm. 34 genannte Quelle, S. 121 **266** Schweyzerische Nachrichten, A. 1779, in Zürich gesammelt. Wintermonat, S. 230 **267** vgl. die in Anm. 34 genannte Quelle, S. 120 **268** a. a. O., S. 120 f. **269** Goethes Gespräche, Biedermann Herwigsche Ausgabe, Band I, Zürich und Stuttgart 1965, S. 143 **270** AGA 1, 56 f. (Lieder) **271** AGA 10, 799 (DuW IV/18) **272** F. L. Graf zu Stolberg an Henriette Gräfin Bernstorff, 16. 6. 1775 (Janssen 1, 43) **273** AGA 10, 800 (DuW IV/18) **274** J. C. Lavater, Physiognomische Fragmente, Band II, Leipzig und Winterthur 1776, S. 215 **275** vgl. die in Anm. 246 genannte Quelle, S. 349 **276** AGA 19, 115 (an Carl August, 23. 5. 1788) **277** G. von Schultheß-Rechberg: Frau Barbara Schultheß zum Schönenhof, Zürich 1903 (= Neujahrsblatt auf das Jahr 1903 zum Besten des Waisenhauses in Zürich), S. 65 **278** a. a. O., S. 65 f. **279** AGA 18, 296 (an Lavater, 21. [22.] 12. 1775) **280** Zur Nachgeschichte der italienischen Reise. Goethes Briefwechsel mit Freunden und Kunstgenossen in Italien, 1788–1790. Hg. von O. Harnack, Weimar 1890 (= Schriften der Goethe-Gesellschaft, 5. Band), S. 8 f. **281** AGA 19, 115 (an Carl August, 23. 5. 1788) **282** vgl. die in Anm. 269 genannte Quelle, S. 430 f. **283** a. a. O., S. 428 **284** a. a. O., S. 429 **285** a. a. O. **286** vgl. die in Anm. 277 genannte Quelle, S. 33 **287** abgedruckt im Anhang (S. 365 f.) des 1. Bandes der Weimarer Ausgabe, Weimar 1887 **288** Siebzehn Briefe von Barbara Schulthess an Goethe, ein Brief Goethes an Barbara Schulthess. In: Goethe-Jahrbuch Bd. 13, Frankfurt 1892, S. 21 **289** AGA 1, 356 (Antiker Form sich nähernd) **290** AGA 20, 433 (an Schiller, 26. 9. 1797) **291** vgl. die in Anm. 269 genannte Quelle, S. 682 **292** vgl. die in Anm. 183 genannte Quelle, S. 140 **293** vgl. F. Zollinger, Goethe in Zürich, Zürich 1932, S. 48 **294** AGA 11, 141 (Ital. Reise I, 3. 11. 1786) **295** Goethes Briefwechsel mit Heinrich Meyer, hg. von M. Hecker, Band 1, Weimar 1917 (= Schriften der Goethe-Gesellschaft, 32. Band), S. XXII **296** AGA 19, 243 (an J. H. Meyer, 9. 3. 1796) **297** vgl. die in Anm. 237 genannte Quelle, S. 302 **298** AGA 16, 508 (Farbenlehre, 17. Jahrhundert) **299** AGA 18, 464 (an Knebel, 30. 11. 1779) **300** AGA 24, 540 (zu Eckermann, 31. 12. 1823) **301** AGA 22, 250 (C. Schlegel an L. Gotter, 17./20. 12. 1797) **302** AGA 12, 211 (RS 97, 8. 10.) **303** Goethes Briefwechsel mit seiner Frau, hg. von H. G. Gräf, Frankfurt a. M. 1916, Band 1, S. 165 **304** a. a. O., S. 166 **305** a. a. O., S. 168 **306** AGA 8, 375 (Wanderjahre III/5) **307** Band II der in Anm. 295 genannten Quelle, S. 276 **308** a. a. O., S. 286 **309** AGA 8, 365 (Wanderjahre III/5) **310** AGA 2, 467 (Xenien/183) **311** AGA 8, 450 (Wanderjahre III/13). Meyers Schilderung in: Weimarer Ausgabe, 1. Abt., Bd. 25, S. 261 ff.

«Eine ungeheure Erscheinung»: der Rheinfall bei Schaffhausen

312 AGA 12, 231 (RS 97, 26. 10.) **313** AGA 12, 181 (RS 97, 19. 9.) **314** AGA 10, 613 (DuW III/13) **315** AGA 12, 181 (RS 97, 19. 9.) **316** AGA 12, 231 (RS 97, 26. 10.) **317** Tagebuch vom 18. September 1797 **318** vgl. die in Anm. 183 zitierte Quelle, S. 137 f.

Quellenvermerk zu den Bildlegenden

Frontispiz	AGA 13, 54 (Dritte Wallfahrt nach Erwins Grabe im Juli 1775)
8/9	AGA 12, 216 (RS 97, 14. 10.)
10	Goethe an J. R. Burckhardt, 19. 5. 1780, in: Basler Jahrbuch 1943, S. 147
11	Weimarer Ausgabe, 4. Abt., Bd. 4, S. 70 (An C. v. Stein, 3. 10. 1779)
12	AGA 12, 9 (BS 79, 3. 10.)
13	Weimarer Ausgabe, 4. Abt., Bd. 4, S. 69 (An C. v. Stein, 3. 10. 1779)
14/15	AGA 1, 404 (Parabolisch/Zelebrität)
16	AGA 9, 175 (Wahlverwandtschaften II/5)
17	AGA 5, 279 (Faust I/vs. 4357)
20	AGA 18, 448 (An C. v. Stein, 9.–14. 10. 1779)
21	Weimarer Ausgabe, 4. Abt., Bd. 4, S. 90 (An C. v. Stein, 20.–27. 10. 1779)
22/23	Weimarer Ausgabe, 4. Abt., Bd. 4, S. 91 (An C. v. Stein, 20.–27. 10. 1779)
25	AGA 18, 448 (An C. v. Stein, 9.–14. 10. 1779)
26	AGA 18, 449 (An C. v. Stein, 9.–14. 10. 1779)
27	AGA 18, 452 (An C. v. Stein, 11.–13. 10. 1779)
28/29	AGA 18, 447 f. (An C. v. Stein, 9.–14. 10. 1779)
30	AGA 18, 450 (An C. v. Stein, 9.–14. 10. 1779)
31	Goethes Gespräche, Biedermann-Herwigsche Ausgabe, Band I, S. 279
33	Herzog Carl August an seine Frau, 16. 10. 1779 (Quelle: vgl. Anm. 34)
34/35	AGA 18, 449 (An C. v. Stein, 9.–14. 10. 1779)
36	Weimarer Ausgabe, 4. Abt., Bd. 4, S. 77 f. (An C. v. Stein, 9.–14. 10. 1779)
37	AGA 18, 448 (An C. v. Stein, 9.–14. 10. 1779)
38	Weimarer Ausgabe, 4. Abt., Bd. 4, S. 91 (An C. v. Stein, 20.–27. 10. 1779)
39	Herzog Carl August an seine Frau, 28. 10. 1779 (Quelle: vgl. Anm. 34)
40	Weimarer Ausgabe, 4. Abt., Bd. 4, S. 90 (An C. v. Stein, 20.–27. 10. 1779)
63	AGA 10, 174 (DuW I/4)
64/65	Weimarer Ausgabe, 4. Abt., Bd. 4, S. 93 (An C. v. Stein, 20.–27. 10. 1779)
66	AGA 12, 15 (BS 79, 27. 10.)
67	Goethes Gespräche, Band I, S. 282
68	Weimarer Ausgabe, 4. Abt., Bd. 4, S. 92 (An C. v. Stein, 20.–27. 10. 1779)
69	Weimarer Ausgabe, 4. Abt., Bd. 4, S. 102 f. (An C. v. Stein, 28. 10. 1779)
70/71	AGA 12, 14 (BS 79, 27. 10.)
72	Tagebuch vom 30. 9. 1797
73	AGA 12, 14 (BS 79, 27. 10.)
74/75	Weimarer Ausgabe, 4. Abt., Bd. 4, S. 103 (An C. v. Stein, 28. 10. 1779)
76	Weimarer Ausgabe, 4. Abt., Bd. 4, S. 117 (An C. v. Stein, 2. 11. 1779)
77	AGA 12, 27 (BS 79, 5. 11.)
78/79	Weimarer Ausgabe, 4. Abt., Bd. 4, S. 99 (An C. v. Stein, 28. 10. 1779)
80	AGA 12, 55 (BS 79, 12. 11.)
81	AGA 12, 27 (BS 79, 5. 11.)
82/83	AGA 12, 40 (BS 79, 9. 11.)
84	AGA 12, 48 (BS 79, 11. 11.)
85	AGA 12, 52 (BS 79, 11. 11.)
86/87	Tagebuch vom 8. 11. 1779
88	Herzog Carl August im Tagebuch vom 11. 11. 1779 (Quelle: vgl. Anm. 148)
89	AGA 12, 45 (BS 79, 10. 11.)
90/91	AGA 12, 56 (BS 79, 12. 11.)
92	Herzog Carl August im Tagebuch vom 11. 11. 1779
93	AGA 12, 55 (BS 79, 12. 11.)
94/95	AGA 12, 42 f. (BS 79, 9. 11.)
117	AGA 18, 461 (An C. v. Stein, 13. 11. 1779)
118/119	AGA 10, 807 (DuW IV/18)
120	AGA 12, 64 (BS 79, 13. 11.)
121	AGA 17, 479 (Über den Granit)
122	AGA 12, 202 (RS 97, 2. 10.)
123	Tagebuch vom 2. 10. 1797
124/125	Goethes Gespräche, Band I, S. 297
126	AGA 12, 199 (RS 97, 30. 9.)
127	AGA 12, 199 (RS 97, 30. 9.)
128/129	AGA 12, 198 (RS 97, 30. 9.)
130	AGA 11, 667 (Annalen 1797)
132	AGA 12, 208 (RS 97, 7. 10.)
133	AGA 12, 207 (RS 97, 6. 10.)
134	AGA 12, 209 (RS 97, 7. 10.)
136/137	AGA 12, 210 (RS 97, 7. 10.)
138	AGA 10, 803 f. (DuW IV/18)
139	Herzog Carl August an seine Mutter, 19. 11. 1779 (Quelle: vgl. Anm. 220)
140	Tagebuch vom 18. 6. 1775
141	AGA 10, 801 (DuW IV/18)
142/143	AGA 12, 210 (RS 97, 8. 10.)
144	Goethes Gespräche, Band I, S. 682
145	Tagebuch vom 21. 9. 1797
146/147	AGA 3, 327 (Divan/Buch des Unmuts)
148/149	AGA 12, 183 (RS 97, 24. 9.)
150	AGA 12, 211 (RS 97, 8. 10.)
151	AGA 10, 815 (DuW IV/19)
152	AGA 9, 485 (Briefe aus der Schweiz)
153	Herzog Carl August an seine Frau, 29. 11. 1779
154/155	AGA 18, 466 (An E. J. F. v. Stein, 30. 11. 1779)
156	AGA 10, 821 (DuW IV/19)
157	AGA 18, 466 (An E. J. F. v. Stein, 30. 11. 1779)
158	AGA 12, 181 (RS 97, 19. 9.)

159 AGA 12, 181 (RS 97, 19. 9.)
162 AGA 11, 760 (Annalen 1805)
163 Herzog Carl August an seine Mutter, 29. 11. 1779
164/165 Herzog Carl August an seine Frau, 12. 12. 1779
166/167 AGA 12, 181 (RS 97, 19. 9.)
168/169 AGA 12, 180 (RS 97, 18. 9.)

Verzeichnis der Photographien

(in Klammern das Aufnahmedatum)

Bildquellen der Textvignetten

Illustrationsvorlagen und Bildrechte für die Abbildungen im Text verdankt der Verlag folgenden Persönlichkeiten und Institutionen:

Deutsches Literaturarchiv – Schiller-Nationalmuseum, Marbach am Neckar (Goetheporträt von Paul Goetze [1790] auf Schutzumschlag und Haupttitel) / Historisches Museum, Basel (42) / Frau Ruth Schneebeli-Graf, Kriens; Foto Marcel Egli, Zürich (46) / Stadt- und Universitätsbibliothek, Bern (50) / Privatbesitz Bern, Foto Kunstdenkmäler des Kantons Bern (51) / Schweiz. Institut für Kunstwissenschaft, Zürich (52, 178 u., 179 o.) / Stiftung Oskar Reinhart, Winterthur (55) / M. Louis Vuille, Yverdon (59) / Foto Peter und Walter Studer, Bern (99, 101, 105, 106, 109, 182) / M. Humbert Golay-Schwaar, Le Brassus (100) / Collection Musée d'art et d'histoire, Genève (104 o.) / Kunsthaus Zürich (112, 195 o.) / Staatsarchiv Uri, Altdorf (174) / Graphische Sammlung der Zentralbibliothek Zürich (176, 178 o., 183, 184, 186 o.) / Schweiz. Landesmuseum, Zürich (177, 181 o., 195 u.) / Gletschergarten Luzern (179 u.) / Graphische Sammlung der ETH, Zürich (185) / Herr H. v. Meyenburg, «Schipf» bei Herrliberg (193 u.) / Denkmalpflege des Kantons Zürich (197 u.) / Kunstmuseum Winterthur (197 o.)

Nur in Sonderfällen wurde die Herkunft dieser zumeist erstmals veröffentlichten Textvignetten auch noch bibliographisch nachgewiesen.